汉译经典

〔古罗马〕马可·奥勒留 著
李娟　杨志 译

沉思录

译林出版社

目　录

译 序

柏拉图说过："唯有哲学家为城邦之主，城邦方有生之希望，得见天日。"也就是说，唯有精通哲学的君主方能建立"理想国"。在西方历史上，的确有一位精通哲学的皇帝，那就是本书著者——马可·奥勒留（Marcus Aurelius，121—180）。

奥勒留自幼即有志于哲学，常身着古希腊罗马哲学家长袍，模仿其生活方式，渴望成为一个苏格拉底那样的哲学家。然而，命运将其推上了另外一条道路。奥勒留被罗马皇帝安东尼·派厄斯收为养子，十九岁便获恺撒称号，协助治理国家，此后青云直上，直至公元161年被推上帝位。他在《沉思录》中回顾一生时感慨："这一切，都是因为神灵和命运的眷顾。"的确，奥勒留的一生是很得神灵和命运眷顾的。不过，他执政时也面临巨大挑战，外有异族入侵，内有军事叛乱，瘟疫、洪灾、干旱、地震亦频频降临，国势日衰。奥勒留在位的二十年，都在应付这些危机中度过。他尽忠竭智，夙兴夜寐，晚年更身先士卒，征战四方。但戎马倥偬之中，奥勒留依然保持着对哲学的热爱，不断思考着人生真谛。本书的许多篇章即写就于奥勒留征途之中。虽然他最终未能挽救帝国江河日下的颓势，但《沉思录》在历史长河中保持住了比他的功业更为长久的光彩。

在哲学史上，奥勒留属于斯多葛派[①]。斯多葛派为西方希腊化时期三大哲学流派之一，影响最为深远。它虽源自古希腊，但

① 或译为斯多亚派。

并非古希腊思想的主流，主要发展还是在古罗马时期。其代表人物，早中期多来自小亚细亚，后期主要来自罗马，较少希腊本土人士。古希腊思想的根基为小国寡民的城邦制度，但随着城邦制度衰颓，疆土辽阔、人口众多的罗马共和国及日后的罗马帝国取而代之。个体如何在新的政治制度下安身立命，哲学如何在新的世界形势下生存发展，遂成为思想界的重大命题，斯多葛派由此机缘而进入鼎盛期。从公元前4世纪芝诺开派算起，到公元2世纪晚期衰落，前后延续长达五百多年，是罗马共和国和罗马帝国早期的思想主流。此后余风不断，惠及后世。尤其值得一提的是，它于20世纪上半期借英美新人文主义传入中国，梁实秋、吴宓、林语堂等著名作家和学者皆受其影响，成为一股不可小觑的思想潮流。

与其他希腊哲学流派一样，斯多葛派也有自然哲学。他们认为：宇宙最初只有火，然后其他的元素——气、水、土依次逐渐形成，最终将有一场宇宙大燃烧，于是一切又重新变成火。宇宙就这样周而复始，直至无穷。但他们主要关注的不是自然哲学，而是伦理学，晚期的斯多葛哲学家更转向思考具体的生活伦理。他们关注的是：在一个个体难以把握自身命运的广大世界里，如何让自己有限的一生发出善的光辉？他们认为，一切事物都是自然的组成部分，个体的生命只有与自然相和谐，才有可能达到至善。人要活得幸福，就必须顺应自然，服从命运，对痛苦不加抱怨。在斯多葛派看来，一个人的生命中，唯有德行才是唯一的善，而所谓德行，即是与自然相一致。其他如财富、不幸、疾病、死亡等皆微不足道，人自应淡然处之。

在《沉思录》中，奥勒留坦然承认自己受惠于埃比克太德[①]

① 奥勒留是拉斯蒂克斯的学生，拉斯蒂克斯是阿里安的学生，而阿里安正是埃比克太德的学生。

的《对话录》甚多。埃比克太德也是斯多葛派著名哲学家，早年曾是奴隶，后获释为自由人。奥勒留身为皇帝，却自称为一个奴隶的私淑弟子，这恰恰说明他思想的超前。事实上，正是包括奥勒留在内的斯多葛派提出了“世界城邦”和“世界公民”的观念，认为人应该友爱，甚至要爱仇敌，并认为奴隶也可作为人类平等的一员。这些都对后来的基督教思想和 17 至 18 世纪出现的天赋人权学说产生重大影响。

奥勒留认为，是同一个神在主宰着世界：

> 一切事物都是互有关联的，连结万物的纽带是神圣的，几乎没有一个事物能够独立存在，因为它们联系在一起，有秩序地组成同一宇宙。只有一个由万物集合组成的宇宙，也只有一位共存于万物之中的神明，万物本是一体，遵循同一法则，有智性的生物中存在共同的理性、共同的真理，对于这些本源归一、共享同一理性的生灵而言，也就只有一个唯一的尽善尽美之境。(7 · 9)

人的理性也是神的一部分，万物来源于神，又复归于神：

> 你是作为这世界的一部分出现的。你从哪里来，就将到哪里去。或者可以说，经过一个转化的过程，你将回到那创造你的宇宙理性之中。(4 · 14)

因此人最大的幸福就是遵从理性，合乎自然：

> 行事若能遵从理性，一心一意，坚定不渝，不急不躁，不随便分心在别的事情上，保持心内的纯净正直，即使

你随时可能放弃生命——如果能做到这些，不奢求什么，也无所畏惧，如果你现在的行为合乎自然，你从小到大所说的话没有任何虚假，那么，你就能过得幸福，谁也不能阻止你获得这样的幸福。(3 · 12)

在《沉思录》中，奥勒留设想了这样一个人之楷模：

无论命运将什么事情加之于他，他都怀着崇敬接受；不玷污内心的神明，不让各种妄念搅扰它，而是使它保持宁静，规规矩矩地侍奉它，不说违背真理的话，不做违背正义的事。即使别人都不相信他的生活简朴、谦虚和满足，他也决不动怒，终其一生不偏离这条道路，循着这条路，他将获得纯粹、宁静，随时准备告别人世，没有任何勉强地接受命运的安排。(3 · 16)

可以说，自然、理性和德行，既是斯多葛哲学思想的精义所在，也是《沉思录》的关键词。

《沉思录》原为奥勒留自我对话的记录，行文质朴，不尚雕琢，然而由于发诸内心，灵性内蕴，故充塞着一股浩然之气，令人高山仰止，有一种深沉的崇高之美：

啊，宇宙，那与你的造化相和谐的万事万物，于我是如此适宜。那于你恰如其时的一切事情，我也不会觉得太早，或是太迟。啊，自然，你一年四季的恩赐，都是供我享用的果实。所有事物都是从你而来，因你而生，最后亦将复归于你。(4 · 23)

总之，牢牢记住吧：人生是何等短促，何等卑微，昨天像是一滩黏液，明天也不过是一具木乃伊、一堆灰尘。所以，在这短暂的有生之年，让自己过得合乎自然吧，怡然地走向人生的终点，就像一枚熟透之后即将坠地的橄榄，感激承托它的大地，感激生养它的枝干。(4 · 48)

文天祥的《正气歌》云："天地有正气，杂然赋流形。下则为河岳，上则为日星。于人曰浩然，沛乎塞苍冥。"译者以为借之来喻奥勒留，是非常恰确的。

《沉思录》每每涉及疾病、痛苦、欲望、死亡等人生的"严重时刻"。对这些问题，作者从不轻易下笔，而是凝神沉思，反复求诸内心，最后得出来自人生的细致观察和深刻洞见，如：

追求不可能的事情便是疯狂，但恶人做事不可能不疯狂。(5 · 17)

快了，快了，你很快就将化为灰尘、一具骷髅，只剩下一个名字，甚至连名字也不存在了，因为人的名字不过是一种声响连同它的回声。(5 · 33)

多么令人羞愧呵！你的身体还没有放弃战斗，灵魂倒先屈服了。(6 · 29)

自己站直，不要让别人扶持。(7 · 12)

这些人生哲理的警句和箴言被后世广泛传颂、引用，不少成了俗语，影响至今难以磨灭。

当然，本书也并非全无瑕疵，毕竟是写作于戎马生涯之中，无暇精心布局，篇章之间不免重复；而所阐述的哲学理论，尤其是宇宙论和伦理学，今日看来不太系统，也不乏自相矛盾之处。但从另一个角度来看，这也未尝不是优点。正因为它出自内心，不加掩饰，所以我们方能窥见作者如何在忙碌的人生路上，以自己的经验为材料，沉思人生大义，领悟宇宙谜题，从中升华自己的智慧和心灵。其实，哲学原来并非如后世的哲学教科书那般呆板枯燥，如一堆殿堂上的木偶，而是一潭活水，流泻在人生的小道之上、山水之间，由涉足其间的沉思者随手掬来，涤荡心胸。后世惑于经院哲学，以为长篇大论、引经据典方为“哲学”，岂不知哲学不过在人的呼吸之间。所谓“一粒沙里看世界”，于一句话之中，于一小片断之间，皆可蕴神思灵光。钱钟书认为：“许多严密周全的思想和哲学系统经不起时间的推排消蚀，在整体上都垮塌了，但是它们的一些个别见解还为后世采用而未失去时效。好比庞大的建筑物已遭破坏，住不得人，也唬不得人了，而构成它的一些木石砖瓦仍然不失为可资利用的好材料。往往整个理论系统剩下来的有价值东西只是一些片段思想……眼里只有长篇大论，瞧不起片言只语，甚至陶醉于数量，重视废话一吨，轻视微言一克，那是浅薄庸俗的看法……”（《七缀集》）此论极是。所以读《沉思录》，固然可以正襟危坐，条剖理析；也可以于闲暇之时，憩息之余，捡起来随意翻读。

自《沉思录》传世以来，各种语言的译本众多，仅英译一类，便层出不穷，令人目不暇接。在几个较为常见的英译本中，Meric Casaubon 繁复流丽，George Long 古雅凝练，Jeremy Collier 浅近活泼，后一种译本最大的特点则在出语平实，层次分明，意思明了，既能够呈现作者本意，同时也保留某些略嫌生硬，思绪较为飘忽的地方，让读者从英译中也能窥见希腊文原本的风格。《沉思录》记录的是这位帝王哲学家思绪的片断，没有严整的体系，在很多段落上有较多重复，某些地方指代也较为含糊。英译本力图保留这种“原始风貌”，不希望代古人捉笔，反对替奥勒留做哲学美文。身为译者，本书译文也尽量与之保持一致，无奈影中摹形，不知能保存几分，而且某些地方对于意思的把握受学识所限，难免过于“显豁”，或者失之“晦暗”。

目前大陆已有何怀宏、朱汝庆二位的译本，堪称将奥勒留哲学精义泽被国人的“前锋”；梁实秋先生在近半个世纪前也曾将此书从 C. R. Haines 的英译本译成中文，近年由后人校订之后正式出版，通行宝岛坊间。在翻译过程中，以上三个中译本都是译者的案头必备，从中得益不少。为了便于读者理解，书中增加了不少注释，还参考了何、朱，尤其是梁实秋先生译本中详尽的注释，在此表示感谢。几位中文译者中，梁实秋先生是译坛泰斗，论及此书翻译，仍表示“平生翻译以此书最为吃力，亦以此书为受益最多”。本书译者因参阅中译、英译数种，或许有一二略胜之处，所谓事如积薪，后来居上，均得益于诸先行者，必须在此表示感念。目前国内的《沉思录》均转译自英译，尚未有译自希腊文的文本问世。译者自知两道转译，不知会有多少遗漏与误解，奥勒留若泉下有知，不知当如何感慨！幸而《沉思录》是名垂千古的经典之作，化入中文，仍能感到其中精义熠熠生辉。

译者于 2008 年春夏，在各个中英译本之间辗转流连，与罗马古人促膝对谈，倾听之，感悟之；向译界前人叩门请教，受益处、商榷处也时时可见。能有机缘以这种方式研读《沉思录》这部千古之作，实属幸事。作此短序，是为纪念。

译者　识

卷　一

1・1

从我的祖父维勒斯[①]那里，我学到了高尚的品德和平和的性情。

1・2

从我父亲[②]的名声和我所能记得的他的言行中，我懂得了什么是谦虚和男子气概。

1・3

从我的母亲那里，我学会了敬畏神明和慷慨仁爱，懂得了不仅要戒除恶行，也不要起恶念。她简朴的生活方式还教会我不事奢侈。

1・4

我的曾祖父从不逼迫我去公学，而更看重家里的良师，让我逐渐懂得在求知上不能吝惜时间与金钱。

1・5

我的老师教导我，在竞技场中既不要加入蓝队也不要加入绿

---

① 作者年幼丧父，由祖父阿厄尼斯·维勒斯和母亲鲁西拉抚养长大。

② 作者的亲生父亲（同样名为阿厄尼斯·维勒斯），大约在124年即已去世。

队，在角斗场上既不要拥护轻盾的一派也不要拥护重盾的一派；要学会吃苦耐劳、清心寡欲；凡事要亲历亲为，不要干涉他人事务；不轻信谗言。

1·6

从戴奥吉纳图斯[①]那里，我学会了不在琐事上纠缠，不听信术士巫师所说的驱鬼符之类的话；不沉迷于斗鹌鹑这类事情，不为此过于兴奋；学会了倾听忠言直谏。在他的引导下，我开始亲近哲学，先是巴克切斯[②]，后来又研习了坦达西斯和马歇伊努斯。我在年轻时就开始尝试对话录，向往薄衾硬枕的生活，对与希腊哲学有关的一切都充满兴趣。

1·7

拉斯蒂克斯[③]让我意识到我的性格需要改进和磨练；让我懂得了不要热衷于诡辩，不要写故弄玄虚的东西，不要讲陈词滥调，不要故意显示自己是个苦修者，或者摆出一副仁慈的样子来炫耀自己；学会了不追求辞藻华丽、音韵优美，不以辞害意；避免穿着出门的袍子在屋里走来走去这类举动；学会写信时行文朴实，就像他自己从锡纽萨给我母亲写的信一样；对于冒犯我、伤害我的人，不必耿耿于怀，若对方有意和解，就与他们冰释前嫌。从他那里，我还学会了认真阅读，不满足于表面的一知半解，不随便附和那些夸夸其谈的人。我也要感谢他从藏书中借给我埃比克太德的《对话录》，使我得以了解这位哲学家的思想。

---

① 作者的绘画教师。

② 柏拉图学派哲学家，其余两个人名未详。

③ 古罗马政治家，斯多葛派学说的追随者。

1·8

从阿珀洛尼厄斯[①]那里，我知道了什么叫做意志自由和永不放弃；懂得了凡事除了依赖理性，别无他途；学会了即使在遭遇丧子之痛和久病折磨时也要镇定如常。他也为我树立了榜样，既果敢坚毅，又亲切温和，我学会了在教导别人时循循善诱。他讲授各种哲学原理时流畅自然，很有一套，但却从不以此为傲，只把这些看做是微不足道的本领。从他那里，我还学会了如何从朋友那里得到帮助又不必降低自己，丧失尊严，也不会漠然置之，视为理所应当。

1·9

塞克斯特斯[②]让我体会到一种仁爱气质。他是一个以慈爱方式管理家庭的榜样；他遵循自然的生活观念，庄重而不做作，对于朋友的利益考虑得细心周到；对无知的人和不讲道理的人也能保持耐心。在与人相处方面他堪称典范，和他交往比听任何奉承都要愉快，同时他也很受那些与他交往的人敬重。他头脑明晰，总能敏锐地把握生活中的那些原则，并加以安排。他从不发怒或流露出任何过分的情绪，似乎摆脱了一切激情，对身边的人总是那么温柔宽厚。他不吝赞美别人，但从不流于夸张，他知识渊博，但从不卖弄学问。

1·10

从文法家亚历山大那里，我学会了不吹毛求疵；不去苛责那些在表达时文理不通、生造词语或发音错误的人，而是灵活地通过回答时重复正确的用法来暗示他；或者表示同意他的意见，和他一起证实该词的用法；或者和他一起讨论那件事而不是某个单

① 古罗马时期斯多葛派学者，演说家。

② 柏拉图学派哲学家，普卢塔克的外甥（一说为普卢塔克之孙）。

独的词语，或者以别的方式巧妙地启发他学会正确的表达。

1・11

弗朗特[①]告诉我什么是暴君专制的凶残无道、喜怒无常和装腔作势。总之，那些所谓的上流人通常都不近人情。

1・12

从柏拉图派的学者亚历山大那里，我懂得了不应该，也没必要总是以“我很忙”作为托词，以忙为借口来推卸我们在社会关系中对他人的责任。

1・13

从卡图勒斯[②]身上，我懂得了不要对朋友的抱怨置若罔闻，即使他所说的毫无道理，也要安抚他，帮他恢复平日的冷静；对师长要心怀敬意，慷慨地赞美，正如多米蒂厄斯提起雅特洛多图斯[③]时那样；对孩子要由衷地疼爱。

1・14

我的兄长西维勒斯[④]教会我爱亲人，爱真理，爱正义。他让我知道了特拉西亚[⑤]、赫尔维蒂厄斯、加图、戴昂、布鲁特斯，让我懂得了一视同仁，懂得了权利平等和言论自由是统治的根基，懂得了国家的统治乃是为了尊重国民的自由。从他那里，我还学会了始终坚定不移地尊重哲学；乐于助人，乐善好施；心存善念，

① 古罗马修辞学家、辩论家，与作者有书信若干留存。

② 斯多葛派学者。

③ 弗朗特的老师，斯多葛派学者。

④ 斯多葛派学者，他的儿子娶了作者的大女儿。

⑤ 斯多葛派学者，被尼禄害死。

信赖朋友。对于那些他不赞同的人，他毫不掩饰自己的意见，朋友们也无需揣测他的意愿，因为他为人向来光明正大。

1·15

从马克西默斯[①]身上，我学会了自制，不因他人而动摇自己的意志；无论是身陷疾病还是其他困境中都始终积极乐观。他的性格既亲切和蔼又庄重威严，两者结合得如此完满，足以成为我的表率。他做事勤恳，毫无怨言；他表里如一，从不口是心非，在任何行为中都不抱恶意；他从未表现出大惊小怪的样子，也没人听过他出语抱怨；他做事不匆忙，也不拖拉，也没有怅然若失或意志消沉的时候；他不去讨好他人，也不会表现得暴躁或者多疑；他心地仁厚，宽宏大量，而且为人正直。与其说他不曾背离正道，不如说他一直在正道上孜孜前行。任何人都不会觉得马克西默斯看低了自己，或者敢自夸说自己比他更好。此外，他也是一个极其幽默的人。

1·16

在我的养父[②]身上，我体会到了什么是亲切和善，但对于他经过深思熟虑决定下来的事情，他又是那么果断坚决；他不图虚名，不在乎凡俗的荣耀；他热爱工作，能持之以恒；只要是有利于公众的建议，他都乐意倾听；他赏罚分明，不偏不倚；他行事张弛有度，懂得什么时候坚持，什么时候放松；他不事男风；重视别人的感受，不强求朋友必须与他一起吃饭，陪伴左右，若是他们有事不能脱身，就无需来见他。在商讨国家大事时，他一丝不苟地对待每一个问题，总是能耐心倾听，不会因满足于初步印

---

① 斯多葛派哲学家。

② 即古罗马皇帝安东尼·派厄斯。

象而就此止步；他重视朋友情谊，不三心二意，也不会沉迷不已；他乐天知足，时时处处显得愉快开朗；他富有远见，细微之处也能考虑周全，但却不以此自夸；他禁止在公共场合对他欢呼赞颂，也对一切谄媚深恶痛绝；他治国兢兢业业，精打细算，即使受到责难也不以为意；他敬神，但不迷信；他爱民，但不会不择手段地迎合、讨好民众；他在任何事情上都头脑清醒，意志坚定，洁身自好，不好新鹜奇。

对于命运之神恩赐的生活享受，他欣然领受，从不大肆炫耀，而是自然地享受；如果这一切不再唾手可得，他不留恋渴求。没有人说他是诡辩家、能说会道的家奴，或者卖弄学问的人，他思想成熟，性格完善，不受谗言所迷惑，能约束自己，也能管理他人。

除此之外，他只对真正的哲学家深怀敬意，那些自称哲学家的人则不在此列，而且他从不让自己受这些人的影响。他平易近人，性格随和，但绝不失分寸。他懂得适当地保重身体，又不过分贪生；他不太注重仪表，但不是不修边幅。由于自身的适当保养，他很少生病、吃药或额外调养。最令人敬佩的一点，是他一贯乐于提携英才，从不妒贤嫉能。对有一技之长，如拥有雄辩之才或法律、道德知识的人，他尽量使他们各得其所，享有名声。他遵循祖制，但并不让人觉得墨守成规。另外，他不喜欢变动，很少突发奇想，总是长居故地，专注于同样的工作，在头痛病发作过去之后，他又很快恢复如初，精力充沛地处理日常事务。他很少有秘密，即使有也都是有关国家政务。他对于建造公共建筑、分配公共财产非常谨慎精细，绝不铺张浪费，因为他做这些事情不是为了贪图虚名。

他不在不合时宜的时刻洗澡，不讲究宫殿的豪华、饮食的精美、衣着的华丽或是奴隶的美貌。他的袍子是在他的海滨别墅罗内姆做的，其他物品则来自拉努维阿姆。我们都知道他是怎样对待请求宽恕的塔斯丘伦的税吏的，他从来都是这样。在他身上找不到任何粗暴、无情和专横的影子，同时他也不是人们所说的那种惯于温言软语的人。他事无巨细地计划所有事情，从容镇定，有条有理，精力充沛，有始有终。和人们对苏格拉底的记载一样，他也善于享受但绝不沉溺，对这些东西很多人软弱得既不能放弃，也做不到有节制地享受。既有力量去承受，又能保持清醒，这是一个人灵魂完善、不可战胜的标志，正像马克西默斯在疾病中所表现的那样。

1 • 17

感谢神明，我有好的祖辈、好的父母、好的姐妹、好的教师、好的伴侣、好的亲朋，几乎事事顺心，而且使我不致冒犯他们，虽然我的天性有可能让我做出这种事情，但幸亏神灵护佑，我还不曾经受这种考验；还要感谢神明，我早早地不再由祖父的爱妾抚养，因而我的青春花朵不致过早地受到损害，使我直到成人甚至更晚才初近女色；感谢神明，有这么一位君王父亲来管教我，他去掉了我身上所有的虚骄，使我懂得即使没有卫兵守卫、没有华丽的服饰、没有火把照明、没有雕像装饰，我们照样可以生活，而且身为统治者的儿子如果要过普通人的那种生活，并不会因此降低他的身份，或是使他忽视自己为民众谋福利的责任。

感谢神明给了我这样一位兄弟，他的道德品格使我警醒，促使我提高自己的修养，而他的尊重和柔情又使我感到愉悦；感谢神明使我的孩子头脑清醒，四肢健全；感谢神明使我不精通修辞、诗歌和其他技艺，如果我在这些方面有所成就的话，可能会沉溺其中；感谢神明让我能迅速地给予那些指导过我的人以他们希望拥有的荣誉，因为他们那时还年轻，我完全可以日后再实现他们的愿望；感谢神明让我认识了阿珀洛尼厄斯、拉斯蒂克斯、马克西默斯，通过他们，我对按照自然生活，对那种依赖神灵及他们的恩赐、帮助和灵感而过的生活得到了清晰而巩固的印象，没有什么东西阻止我立即按照自然生活，然而我还是因为自己的过错，因为没有听从神灵的提醒（甚至是直接指示）而没有得以实现。

感谢神明，使我一直活到现在，经受住了种种考验。我从未迷恋过本尼迪克塔[①]或西奥多图斯[②]这样的人，虽然曾一度陷入情欲，最终还是得到了解脱；虽然我与拉斯蒂克斯常有争执，但我没有做过令自己后悔的事情；虽然我母亲不能得享天年，但我陪伴她度过了最后的岁月。感谢神明，让我有能力去帮助那些身陷贫困或有其他难处的人，自己却无需什么帮助；感谢神明让我拥有一个温顺、深情和朴实的妻子[③]，让我的孩子有良师教导；感谢神明在梦中教会我治病的办法（尤其是治疗咯血和眩晕症），在加尔塔也向我显示过这种灵通；感谢神明，在我对哲学产生兴趣时，没有让我拜倒在任何诡辩家脚下，没有一味死读书本或沉迷于逻辑推理，也没有过度专注于探究天国的奥秘。

这一切，都是因为神灵和命运的眷顾。

---

① 罗马皇帝哈德里安的妃子；一说为安东尼的妃子。

② 哈德里安的宠奴；一说为安东尼宫廷内的男奴。

③ 作者之妻弗斯汀娜，罗马皇帝安东尼的女儿。弗斯汀娜不能说是对作者始终忠贞，但作者提到她时仍充满敬重。

卷　二

（写于格兰河畔，与奎第族人征战中）[①]

2・1

每天开始的时候就告诉自己：我将会遇见某个好管闲事的人、忘恩负义的人、狂妄粗野的人、奸诈阴险的人、善嫉的人[②]。他们之所以染上这些恶习，是因为不辨善恶。而我，是能够明辨善恶的，并且知道沾染这些恶习的人本性与我相似——我们不仅在血统上本自一源，而且共享同样的理智和神性——因此，他们中没有人能损害我，我也不会对我的同类发火，不会憎恨他们，因为我们注定要相互合作，就像我们的双手、双脚、上下眼皮、长在上下颚的两排牙齿。若我们相互对抗，便违反了自然；相互发怒和仇恨无疑就是相互作对。

2・2

不论地位如何，我的存在不过是一具肉体、一阵呼吸、一份能支配自己的能力。肉体是多么微不足道——只是一滩血、几根骨头、一团纠结的神经和血管罢了。呼吸呢，也不过是一缕空气，

---

① 格兰河，多瑙河支流。奎第，奥勒留在日尔曼战争（171—173）时征战的部族之一。关于写作地点，各版本意见不一，有人认为卷一写于此处，有人认为卷二写于此处。梁实秋中译本更是特别注明："这一行字表示卷一终，不是卷二始。"奥勒留这部《沉思录》乃是长短不一的片断连缀而成，各版本对一卷终了的位置看法不一，也是情有可原。此处从英译本。

② 原文此句中有两个 ungrateful，疑为印刷错误。

不停地变化，每时每刻都在排出、吸入。接下来，就只剩下支配能力了。丢开你的书吧，不要再虚耗精力，不能再这样了。假设你现在濒临死亡，那么好好想想吧：你已经垂垂老矣，不要再让自己成为奴隶，听凭操纵，像个木偶一样受各种冲动胡乱驱使，也不要再抱怨目前的处境，或者为将来忧虑。[①]

2・3

神明创造的一切都蕴涵着神性；命运也不与自然相悖，而与自然规律有着密切关联。万事万物都源于此，“必然性”对此也有一定的影响，还有你所在的这整个宇宙（你是它的一部分）的安宁和谐也是如此。自然创造的一切以及维系运作自然的一切，都有利于自然的每一部分。宇宙依靠变化而得以存在，其中不单单是元素的变化，也包括由元素组成的事物的变化。懂得这些道理对你也就足够了，把它们当做行为准则吧。抛开你对书本的渴望，这样你就不必在喋喋不休的抱怨中死去，而是怀着真正的欢欣和对神明的虔敬感激离开人世。

2・4

记住，你已经拖延得太久了，神灵赋予你的恩典已经够多了，你却没有好好把握。现在是时候了，你要去思索你作为一分子的宇宙是怎样的；思索你从中流溢出来的宇宙是怎样的。你的生命有限，如果不用来消除思想上的困惑，这样的机会就再也没有了，再也不属于你，随着你的离世而永远地丧失了。

---

① 参见5・33，6・32，12・3。

2・5

每时每刻都要保持意志坚定，像一个罗马人、一个大丈夫那样，一丝不苟地保持尊严去完成要做的事情，始终怀着友爱、自由和正义之情感去行事；心里不要存有其他念头。如果你把每件事都当做生命中的最后一件，不再优柔寡断或者违背理性，也不再游移不定，一心只为自己考虑，抱怨命运安排给你的一切，那么你一定能做得到。如果一个人想要过宁静、虔诚的生活，他需要做到的很少，因为对遵守这些戒律的人，神灵不会向他们要求更多。

2・6

你做错了，你做错了，噢，我的灵魂。你再也没有机会享有荣耀。人的生命如此短暂，而你的生命甚至已经接近尾声，却没有让自己获得荣耀，而将幸福寄托在别人的灵魂之上。

2・7

外部事物搅乱了你的心思吗？花点时间来学习新的有价值的东西吧，不要再分心了。但你也要避免走向另一个极端，因为在生活中被自己的行为弄得筋疲力尽的人也同样是愚蠢的，他们的一切冲动没有任何目标，说到底，他们的思想是懵懂的。

2・8

如果一个人不能看清别人的灵魂，那也没有什么不妥；而很少留心自己内心动机的人，却注定不幸。

2・9

你必须牢记这一点：什么是宇宙的本性？什么是自我的本

性？二者之间有何关联？我是怎样的一个宇宙中的怎样一部分？无论你怎样说怎样做，没有人能阻止你追求符合自然，你自己原本就是它的一部分。

2 · 10

在比较各种恶行时，西奥弗拉斯图斯[①]像一个真正的哲学家那样说（从某种通俗的角度来说，这种比较是允许的）：由欲望而引起的过错比愤怒引起的过错更应该受到谴责。因为当一个人愤怒时，他是由于某种痛苦或内心的煎熬而失去了理智，但那些受欲望驱使而犯罪的人却是因为经不住快乐的诱惑，他的过错也就更不道德，缺乏男人应有的自制力。然后他又像哲学家一样正确地指出：为追求快乐而犯下的罪行比痛苦导致的罪行更不容宽恕。总之，如果有人因为受到伤害，由于痛苦而陷入愤怒，那么他还不失为一个人，而那些自己把持不住，在欲望驱使下做出恶事的人则不值得宽恕。

2 · 11

让你的每一个行为、每一句话、每一种想法都像是即将辞世的人所做的最后一次吧。如果有神灵存在，离开人世并没有什么可怕，因为神灵不会令你作恶；如果他们确实不存在，或者他们不过问人间的事情，那么我又何必担心死后生活在一个没有神或没有天意主宰的宇宙呢？而神是确实存在的，他们也的确关心人世的事情，他们有能力保护人类不陷入真正的恶；至于其他的不善，神灵也会加以防范，使人们不致身受其害。如果一件事物不能使人变坏，它怎么会使他的生活变坏呢？宇宙的本性是不会让

① 古希腊哲学家，亚里士多德的弟子，继亚里士多德后主持吕克昂学园。

恶发生的，她不会这么疏忽，也不会即使知道却无力防止或加以矫正。她永远不会因为缺乏力量或技巧而犯下大错，使好事和坏事毫无差别地落在善人和恶人身上。无论善人恶人，都会经历死生、荣辱、贫富，它们本身并不让我们感到荣耀或者羞耻，因此这些事物既不善，也不恶。

2・12

万事万物在飞逝而去，无论是它们在宇宙中的形体本身，还是它们留在时间里的记忆。我们所感知到的一切，特别是那些以快乐诱惑我们、以痛苦恐吓我们的事物，以及浮华的名声，这一切都毫无价值，那么令人鄙视、肮脏、脆弱、转瞬即逝，需要我们的理性来甄别。也要认真想一想：那些凭借观点和言论获得名声的人是什么样的人。还要认清什么是死亡：如果单独地看待死亡本身，借助理性把它和附着于它的幻想分离开来，那么死亡不过是自然的一种转换；若是还害怕这种自然的转换，那就像小孩一样无知了。实际上，死亡是自然的运转，而且也有利于自然。要学会思考：人是怎样与神沟通的，借助自身的哪个部分来沟通，这一部分又是如何与神沟通的。

2・13

没有比这更令人同情的了：有的人对什么都要弄个究竟，就像诗人[①]写的那样，他们连土地下的事情都要刨根问底，还要琢磨邻人心里的想法，却不知道只要一心一意地供奉内心的神明就够了。这样就能保持心灵的纯洁，不因激情和轻率而犯错，也不会对神灵的安排和人的作为感到不满。神灵的安排值得我们尊敬，

---

① 指古希腊抒情诗人品达，柏拉图在《泰阿泰德篇》中引用了品达的诗句。

因为它比我们高明；而他人的行为也应当珍爱，因我们本性相同，虽然在某种程度上还值得我们怜悯，因为这些人不辨善恶——这样的缺陷和分不清黑色和白色没有什么两样。

2·14

即使能活上三千年，甚至三万年，你也应该记住：人所失去的，只是他此刻拥有的生活；人所拥有的，也只是他此刻正在失去的生活，因此，生命的长短没有什么不同。此刻对于所有人都是一样的，那正在逝去的也都是一样的，所以我们失去的不过是单纯的片刻；一个人不可能既失去过去，又失去未来——还没有经历的事情，怎么可能被夺走呢？因此，请记住两点：第一，万事万物在根本上都是一样的，无穷无尽地循环往复，我们在一百年、两百年或无限的时间里看到的景象，都是同一回事；第二，长寿者和早夭者失去的都是同样的东西，因为只有此时此地的这一刻才可能被夺走，一个人只拥有现在，也就不可能失去他还尚未拥有的东西。[①]

2·15

一切都取决于我们的看法。犬儒派的摩尼穆斯[②]所说的这句话，意思很明显，价值也很明显，只要我们从中汲取有益的教训。

2·16

人的灵魂会自我伤害，一种情况是，当它堕落成了宇宙的一个肿块、赘疣时，抱怨已经发生的事就是违反自然，因为一切个体都是自然的一部分；其次，在仇恨他人或试图伤害他人的时候，

---

① 参见3·3，3·10，4·32，6·47，7·49，10·27，12·27。

② 第欧根尼和克拉底的追随者，著有《论本能》和《哲学箴言》。

灵魂也会自我伤害，那些愤怒者的灵魂就是这样；第三，当灵魂沉溺于快乐或陷入痛苦的时候；第四，当企图掩饰什么，言行不真诚的时候；第五种情况是缺乏明确目标，漫无目的，这会使我们做事没有目标，考虑不周全，而甚至最小的事情也应该考虑到结果。对有理性的动物而言，遵循理性以及神圣的城邦和政府的法律便是我们的目标。

2·17

在人类生活中，我们的一生是瞬息即逝的一个点，我们的实体在不断变化，我们的知觉是迟钝的，我们的身体是易朽的，我们的灵魂永无止息，我们的命运难以预测，我们的名声也是靠不住的。总之，属于身体的一切如同流水易逝，属于灵魂的东西宛若梦幻泡影，人生是一场战争、一段旅途，身后的名声也只会渐渐湮灭。那靠什么来保护、指引我们呢？只有一样东西——这便是哲学。它能保护我们的灵魂始终纯洁，免受伤害，不被痛苦和快乐所驱使，能让我们做事不再漫无目的，也不会存心欺瞒，别人做什么或者不做什么都影响不了我们。更进一步，我们因此能够对一切发生或者注定的事情欣然领受，就好像这一切自有源头，理所应当。最重要的是，我们能以一种愉快的心情等待死亡，因为这只是组成一切生物的元素的分解。如果元素本身在不断变化，变成其他事物的过程中并没有什么令人不快的，我们又何必恐惧这种变化和分解呢？因为死亡是合乎自然的，合乎自然的东西也就不是恶。[①]

---

① 参见4·3，5·23，5·24，9·32，12·32。

卷　三

（写于卡农图姆）[①]

3·1

我们应当考虑的，不仅仅是生命正在消耗，时日无多，还应当想到，即使能够活得长久些，怎见得我们就有把握保持领悟事物的能力，仍然能够不断思考有关神和人的事情？如果一个人的思想已经开始迟钝，虽然他的呼吸、消化和体力各项功能还有，但完美地支配自身，明确自己的义务，分析感受到的各种现象，对于结束生命的时机做出明确判断[②]，诸如此类的行为他却不再能够做到，因为这绝对需要一种良好的理性能力，而他的这些能力已经早就衰退了。所以我们必须抓紧时机，不只是因为我们在一天天接近死亡，也因为我们对事物的理解力和观察力会在死亡之前逐渐衰退。[③]

3·2

同样值得我们细心留意的是：自然现象中附带产生的细节也有一种美妙的吸引力。例如，烤面包时面包表皮裂开了，从某种意义上来说，这些裂痕破坏了面包师的技艺，但对我们而言却不乏美感，能以一种特殊的方式刺激食欲。还有无花果熟透就会裂开，橄榄成熟就要坠地腐烂，这都给果实增加了一种特殊的美。

---

① 同上卷注释，此处写作地点，有人认为表示第二卷写于此处，应置于卷二末；有人认为应置于卷三首，如本书。

② 指自杀。斯多葛派哲学认为人有自杀的权利，是可以利用理性来掌控的，爱国、爱友、免除贫穷疾病之苦等都可以成为自杀的理由。

③ 参见5·29。

那饱满低垂的麦穗，狮子紧皱的眉头，野猪嘴里淌下的白沫，以及很多别的东西，如果单独来看一点也不美，但由于这些是自然形成的细节，为它们所属的事物增添了美感，也使我们赏心悦目。所以，如果一个人具有敏锐的感知能力和深刻的洞察力，那么宇宙万物在他看来无一不使他愉悦，即使其中有的事物只是顺带出现的。这样的人在亲眼观察野兽张开血盆大口时，得到的快乐并不比观赏画家和雕刻家以此为题材的作品要少。他能从老年人那里看到一种特殊的成熟之美，也能以纯净的眼光欣赏年轻人的青春活力。还有很多这样的事物，不见得人人都喜欢，只有真正熟稔自然及其造化的人，才能深刻领会到其中的迷人之处。[①]

3·3

希波克拉蒂斯[②]治愈了许多病人，自己却病死了。占星术士能预言众人的死期大限，最后也逃脱不了死亡的命运。亚历山大[③]、庞培[④]和恺撒[⑤]曾将多少城市夷为平地，在战场上杀戮成千上万骑兵和步兵，最后也仍旧化作尘埃。赫拉克利特[⑥]曾断言宇宙将毁于大火，自己却死于水肿病，浑身积水，沾满牛粪。德谟克利特[⑦]死于害虫，苏格拉底也是被人类里面的虫豸害死的。[⑧]所有这些

① 参见6·36。

② 古希腊名医，西方医学始祖。

③ 马其顿国王，以骁勇善战著称，在位时曾将国土扩展至东方。

④ 古罗马大将，古罗马前三巨头之一。公元前63年率军占领耶路撒冷，屠杀犹太人一万二千人。

⑤ 古罗马大将，古罗马前三巨头之一，曾进攻高卢，杀人如麻。

⑥ 古希腊哲学家，认为火是万物的本源，宇宙是一团永恒的活火。晚年患水肿病，曾企图用牛粪的热度驱散身体水肿，但最终还是死去了。因此这里说他死时浑身沾满牛粪。可参见本书4·46。

⑦ 古希腊哲学家，原子论学说的创立者之一。他死于害虫的说法难以考证。

⑧ 指控告苏格拉底的人。

意味着什么呢？你登船，远航，现在既已近岸，那就上岸[①]吧。如果那是一个新的生命，或许在它的世界里就不再有神明；如果那是一个无知无觉之乡，你也就不用再受痛苦和快乐支配，不必再当身体的奴隶，与理智和神性相比，这具臭皮囊实在不值一提，如同粪土。

3·4

不要把你剩下的生命浪费在思考别人的事情上，除非你所做的是出于共同的利益。不要总是琢磨别人做什么，为什么做，他说什么，想什么，算计什么，如果把注意力分散在诸如此类的事情上，会使我们难于专注于我们的支配能力。因此我们不应该把时间浪费在这些毫无意义的空想上，尤其要抑制我们的好奇心和恶意。你必须要训练自己保持这样的想法，一旦有人突然问起："你在想什么？"你也能毫不犹豫地说真话：我在想什么，而且你的回答能清楚地表明，你所想的一切都是单纯和善良的，你是社会中不追求纵欲享乐的一分子，你也没有任何不满、嫉妒和猜疑的想法，或别的说出来会脸红的念头。

这样在行为上出类拔萃的人，实在配得上去做祭司或者侍奉神明。他按照内心的神性行事，不沾染享乐的恶习，不受痛苦的伤害，不会被冤屈，与一切恶行绝缘，在最伟大的较量中他堪称斗士；他不被任何激情左右，坚守正义，欣然领受命运的安排，除了在关系到众人利益的情况下，他从不过问别人的言行和思想。他尽心尽力地履行自己的那份职责，时时记着整个宇宙分配给他的那一份；凡事恪尽职守，总是以善意的眼光看待命运对他的安排，因为命运将伴各人走完一生，各人的利益要靠自己把握。

---

① 上岸，指死亡。

他也牢记着，所有理性动物都是他的同类，应当关怀所有人，这才符合人的本性，不过，也不是所有意见都值得听从，只有那些生活合乎自然的人才足以为师。而对于那些生活不合自然规律的人，他们居家在外都做些什么，白天如何，晚上如何，与什么样的人鬼混，他也都一直留意；这些人连自己都不满意自己，对他们的称赞，他自然一点也不看重。

3·5

做事不要违心，不要自私，不要轻率，不要三心二意。不要用华丽的言辞来装饰你的思想，也不要喋喋不休或好管闲事。而且，要让内心的神明督促你，做一个男子汉，一个成熟的人，一个（堂堂正正的）罗马人，一个统治者，安守你的岗位，一旦受到生活的召唤，能够随时放弃，无需宣誓也无需别人的证言。同时保持乐观吧，不要依赖别人的帮助和安慰。总之，要自己站得顶天立地，而不是靠别人搀着扶着。[①]

3·6

在生活中，如果你能发现有什么胜过正义、真理、克制和勇气——也就是说，胜过你的理智，能让你合乎理性、不失尊严地对待不在你选择范围之内的命运的安排——我是说，如果你看到有什么能胜过这些，那就全身心追求、享受你所发现的稀世之宝吧。不过，如果没有什么东西能胜过你心中的神明——它能制服你一切的肉欲，检点你的思想，像苏格拉底所说的那样，摆脱感官的诱惑，虔心敬奉神灵，博爱济世——如果你发现其他东西与它相比都显得渺小、微不足道，那么就全心信奉你内心那份神赐

① 参见7·12。

予你的理性吧，因为一旦误入歧途，你就再也不能够全心全意、心无旁骛地供奉那真正属于你的美德了。如果任由一切身外之物——例如众人的赞美、权势、财富或者享乐——来同这种合乎理性的、群体的利益抗衡，那是不对的。那些东西似乎能暂时满足我们，但会控制我们，将我们带入歧途。所以我说，你只需径直选择那更好的东西，并且始终不渝——或许你会说，“对我有利的才算得上是好的”——好吧，如果它对于一个理性的人有用，你当然可以坚持；但如果它只是对动物有用，那就要拒绝，并且毫不轻慢地坚持你的判断，需要注意的只有一点：你必须确定对自己的判断有把握。①

3・7

不要认为以下的事情对你有利：那些会让你违背诺言，行为不当，憎恨、猜疑和诅咒他人，做事不光明正大，或者怀有不可告人的欲望的事。因为那些极为看重自己的智慧并且相信自己有判断力的人，从不装腔作势、乱发牢骚，既不刻意独处也不一定要混迹于众人之中；最重要的是，他一生从不殚精竭虑去追求什么，也不企图躲避什么，灵魂在他身体里停留的时间长一些还是短一些，他完全不在意。因为，即便必须马上离开人世，他也会高高兴兴地上路，就好像做别的事情一样体面自然；他一生看重的事情只有一件：永远做一个合乎理性的人，社会的一分子。

3・8

在思想经受过磨练和彻底净化的人心里，你看不到任何溃烂、脓肿和疮疤；哪怕命运突然将他带走，他的生命也是完满无缺的，

① 参见6・16，8・1，8・41。

没有人能说他尚未演完自己的角色，没有念完台词便退场了。此外，他没有一点奴性，没有任何矫饰，他不过分依赖别人，也不孤高自许，他心里没有任何不可告人、见不得光的念头。

3 • 9

要尊重你的判断力。你的思想里没有出现不合乎自然和理性的想法，正是多亏了它。是它使你不至于做出草率的判断，使你对人友善，对神虔敬。

3 • 10

抛开别的一切，好好把握这几条真理吧。还要记住：每个人的生命都只存在于此刻，此刻也在飞快地消逝，其他大部分时间不是已经过去，永不复返，就是尚未到来，不可预料。生命如此渺小，我们生活的地盘不过是大地上一个小小角落，死后最长久的名声也微不足道，即使卑微的后人将这名声一代一代传颂下去，但他们也是很快就要死的，而且他们对自己都未必了解，更何况那些早已死去的人呢？

3 • 11

除了上面所说的，还要补充一点：对于所见的事物，都要在心里界定或描述它，以便看清它的本质，加以归类，弄清它的整体如何，局部如何。然后给这事物一个确切的名称，分析它由什么元素组成（它将来又会转化成这些元素）。最有利于提升思想的事情，莫过于切实而有条理地审视生活中的每一样事物，要这样来看待它们：这事物对于宇宙起到了什么作用？它在宇宙中有何价值？对人类又有何价值？人乃是宇宙这一至高至圣城邦的公民[1]，各个城邦犹如一个家庭。留给我印象的这个事物的本质是什么？由什么组成？它能存在多久？我应该以一种什么样的德性对待它？亲善、勇敢、真诚、忠贞、简朴、自足，还是别的什么。因此，一个人在任何情况下都应该意识到：这是来自神的安排；这是命运之线网罗交织而成的机缘巧合；这些事或许是我的同类、我的亲戚、我的朋友造成的，他们并不知道什么事情合乎他的本性，而我却知道，所以要公正而友善地对待他们。尽管这些事情本身无所谓善或者恶，我还是应该据此判别这些人的价值。

3・12

行事若能遵从理性，一心一意，坚定不渝，不急不躁，不随便分心在别的事情上，保持心内的纯净正直，即使你随时可能放弃生命——如果能做到这些，不奢求什么，也无所畏惧，如果你现在的行为合乎自然，你从小到大所说的话没有任何虚假，那么，你就能过得幸福，谁也不能阻止你获得这样的幸福。

3・13

就像医生总是要随时备好器具来应付紧急的手术，你也应该铭记一些原则，以便参透神界与人世的事情。这样你在处理事情的时候，即使是最微小的事情，也能结合神界与人世的关联来考虑，因为只有参照神界，你才能把人世的事情处理好，反之亦然。

3・14

不要再放任自己，四处游荡了，因为你可能读不到自己的札记了[2]，也不再能读古代罗马和希腊人的历史，或者你摘录出来准备晚

---

① 斯多葛派哲学认为宇宙即是一个统一的伟大城邦。

② 这里所说的札记可能就是指《沉思录》。

年再读的书籍笔记。那么，抓紧时间吧，朝你的目标奔去，丢开无用的希望，如果你还在意自己的话，就赶快行动，趁这一切都还来得及。

3·15

他们不知道这些词语包含着多少意思在里面：偷窃、播种、购买、保持宁静、有所为有所不为。这些不是光靠眼睛就能看出来的，还需要另一种眼光（观察力）。

3·16

肉体、灵魂、理智：感觉属于肉体；欲望属于灵魂；判断属于理智。靠感官来获得印象，除了人以外，这是连牛马牲畜也能做到的；人都会受到种种欲望的驱使，只不过野兽和男妓，还有法勒里斯[①]、尼禄[②]之类的人走上了极端；人会以理智为向导，尽自己的职责，但那些不信神的人、背叛祖国的人、关起门来做坏事的人难道不也认为自己是正确的吗？那么，如果以上提到的这些都是人所共有的，下面这点就是只有好人才具备的了。那就是：无论命运将什么事情加之于他，他都怀着崇敬接受；不玷污内心的神明，不让各种妄念搅扰它，而是使它保持宁静，规规矩矩地侍奉它，不说违背真理的话，不做违背正义的事。即使别人都不相信他的生活简朴、谦虚和满足，他也决不动怒，终其一生不偏离这条道路。循着这条路，他将获得纯粹、宁静，随时准备告别人世，没有任何勉强地接受命运的安排。[③]

---

① 阿格里根顿王国的暴君，以暴虐闻名。

② 罗马历史上著名的暴君。

③ 参见6·16。

卷　四

4・1

当主宰我们内心的力量顺应自然时，就能运用天生的能力轻松自如地应付那些正在发生和将要发生的事情。因为它无需借助任何特定的物质，而它为了达到目标，也并不是毫无保留。如果它遇到什么阻碍，就会把对方转化为自己这种物质，就像火焰吞没落进它里面的东西一样。若是小小火苗，可能会被这些东西压灭，但若是熊熊烈火，则瞬间就能将堆在它上面的东西吞噬，燃烧殆尽，借助这些别的物质让火势更旺。

4・2

无论做任何事情，都要有明确的目标，而且要有助于使生活的技艺尽善尽美。

4・3

人总是想退隐乡间、海滨、山林，你也曾经全心向往这种生活。但这完全是一种庸俗的想法，因为你尽可以随时退隐到自己的内心去。没有任何地方能比自己的心灵更为宁静，更无烦忧，尤其是如果这个人的内心海阔天空，他只消静心敛神，立刻就可以获得完全的宁静（所谓灵魂的宁静，我指的就是内心的秩序）。因此让你自己始终借助这种退隐来获得内心的宁静吧，使自己不断重生。而你内心的原则也只须简明扼要，运用起来足以澄净一切纷扰。当你回到退隐之前的那种生活时，心中不会再有任何怨怼。

是什么令你不满呢？是因为人心的邪恶吗？你心里须得记住这个道理：有理性的动物在这世上就是要互相依存的，宽容是正义的一部分，若有人作恶，他也并非本意如此。想想吧，自古以来有多少人在相互敌视、猜疑、仇恨、争斗中度过一生，最终难逃一死，灰飞烟灭。想想这些，你就不会有什么不满了。或者你对从宇宙中分配给你的那一份感到不满？那么你只要想一想，这世界的存在无非两种可能，要么是神造的，要么是原子组成的，无论哪一种，都可以证明这宇宙原本就是一个城邦。[①]或者你的不满是出于肉体上的感情？那么想想看吧，一旦人的内心变得更谨慎，发现了它自己的力量，那么生命也就无所谓坎坷平顺了。至于那些所谓的痛苦和快乐，再好好想想你曾经听说的以及你所同意的那些道理吧。或许是对名声的热望让你感到苦恼？你看，世间的一切瞬间都会被忘却，你的过去和未来还不是全都流入了时间那个无边无际的深渊！赞美的言辞是多么空洞，在你面前演戏的那些人是多么善变与无知，名声的舞台又是多么狭小。我们居住的大地不过是宇宙中的一个点，你所在的地方又是这大地上何等微小的一个角落。弹丸之地，又能有几个赞美你的人呢？

那么，牢牢记住吧：退隐到实在地属于你的小天地里去，最重要的是不要紧张和过分忧虑，要保持心灵从容自在，要像一个人、一个有人性的人、一个公民、一个终有一死的人那样去看待事物。你最为倚重、经常奉行的箴言，应该包括以下两条：第一，外在事物与心灵无关，它们无欲无求地存在于心灵之外，一切的纷扰都来自内心；第二，你眼前所见的一切都瞬息万变，终将归于湮灭，要始终记着，你曾经见过多少这样的变化。

“宇宙在不停地变化，生活只是我们的观念。”[②]

---

① 斯多葛派认为，宇宙即是一个统一的伟大城邦，参见本书 3·11。
② 参见 8·47，12·8。

4·4

如果理智是人共有的，那么使我们成为理性动物的理性也是人所共有的。这样的话，那约束我们什么事情该做，什么事情不该做的理性也是人所共有的。我们所奉行的法则也是同样。这样的话，我们都是公民；这世界也就是一个城邦。除了说它是一个共同的城邦，整个人类的组织还能是什么呢？因此，我们正是从这个共同的城邦获得了我们的智性，形成法律的能力，否则，它们是从哪里来的呢？我身体里的土来源于自然中的土元素，水来自水元素，火来自火元素——没有什么是来自无，也没有什么能归于无——所以我们的理智原本也是有根源的。

4·5

死，和生一样，都源于自然的奥秘，是同一些元素的组合与分解，绝不是什么应当羞耻的事情，既不违反理性动物的本性，与生命活动的规律也不冲突。

4·6

有什么样的本性，便做出什么样的事情，这是必然的。如果觉得这有什么不对，就好比希望无花果树没有苦涩的汁液。但无论如何要谨记:你和别人都会很快死去,不久之后你们的名字也将被后人忘记。

4·7

不要有受到伤害的想法，不去想“我受到了伤害”；“我受到了伤害”的想法不见了，伤害也就消失了。

4·8

凡无损于一个人的东西，也无损于他的生活，无论从外面还是里面都伤害不了它。

4・9

凡有益的事物都有一种本性，使它不得不如此。

4・10

一切事情的发生，都自有公道。如果仔细观察，你会发现确实如此。我所指的不只是事物的因果关联，也是正义本身，仿佛事物的一切价值都自有安排，各得其所。既然已经开始了，就用心体会吧。无论做什么，都要记住像一个好人那样去做，参照你所认定的善的准绳去做。在一切行为上都要这样做。

4・11

对事物的看法，不可依从那些做坏事的人，也不可按照他们希望你抱有的那种意见去评判，要按事物的本来面目来看待它。

4・12

应该把这两条规则谨记在心：第一，你所做的事情应该以合乎法律和众人的利益为唯一宗旨；第二，如果身边有人向你提出正确意见，纠正你的错误，那就改变你的意见。但唯一的前提必须是，你是出于公正或者众人的利益而改变意见，而不是仅凭一时高兴或者为了追求名声。

4・13

你有理性吗？我有。既然有，那为什么不用呢？除了让理性发挥作用，你还希望别的东西吗？

4・14

你是作为这世界的一部分出现的。你从哪里来，就将到哪里去。或者可以说,经过一个转化的过程,你将回到那创造你的宇宙理性之中。

4・15

那些滴在祭坛上的乳香，一滴是先滴下的，一滴是后滴下的，但它们不会因此有什么不同。

4・16

只要你重新遵守原则、信奉理性，只消十天，曾经视你为野兽、猿猴的人就会敬你如神明。

4・17

别以为你还能活上一万年，死亡已经在头顶窥伺着你。趁你现在还活着，趁你还能有所作为，好好做人吧。

4・18

不去管邻人说什么、做什么、想什么，时时处处只注意自己的行为正当、高贵和良善的人，他的心灵是多么坦然啊！不要窥探别人内心的黑暗，不要左顾右盼，而只是笔直地一路奔向终点。

4・19

有人一心渴望身后美名，却没有想到，那些记得他的人很快也要像他一样死去，这些人的子子孙孙很快也要死去。一代又一代传下去的名声开始还有一点火光，但最后终究要随着一代代人记忆的消失而熄灭。就算那些记住他的人永生不死，他的身后之名能够永恒，那又有什么意义呢？无需说这对死者毫无意义，即便是对于还在世的人，除非出于其他目的，否则别人的赞美又有什么用呢？你拒绝了自然赋予你的天性，心里只挂念着死后别人会怎样议论你，是不明智的啊。

4・20

每一件完美事物的美属于它本身，源于它本身，赞美不属于它的美的一部分。赞美并不能使一件事物变得更好或更坏。在我看来，那些平时被看做美的事物也是如此，例如一件实物或艺术作品。那些真正美的东西，难道还需要赞美吗？当然不，它需要的只是法则、真理、仁爱和谦逊。这些事物，哪一个是因为得到了赞扬就变得美了，或者遭到贬损就不美了呢？一块翡翠会因为无人赞美就不再美丽吗？或者像黄金、象牙、紫袍、竖琴、短剑、鲜花和树丛这些东西，难道因没人赞扬就会失去光彩吗？

4・21

如果躯体死了，而灵魂却继续存在，大气怎么容纳得了这无数的灵魂呢？同样，大地又怎么容纳得了那些自古以来被埋葬的尸体呢？实际上，尸体被埋在地下一段时间之后就会转化、分解，为别的尸体腾出空间。而灵魂也是如此，它在大气中存在一段时间之后，便要转化、消散，通过燃烧重新回到宇宙造物的法则中去，因此别的灵魂也就有了存在的空间。为什么躯体死后，灵魂不灭，这就是我们的解释。但我们不能只考虑被埋葬的尸体有多少，也要想想每天被我们和别的生物吃掉的动物该有多少。这数量是何等惊人，我们以动物为食，我们的身体便是它们的葬身之所！这些尸体不愁没有空间，因为它们在我们的身体里化成了血，在我们死后也随之进入大气，化为火。在这件事上我们如何才能探寻到真理呢？通过划分质料和因由。

4·22

不要思绪纷乱，你的一切行为都应当合乎公道，你对事物的一切想法都应当体现你追求真理的决心。

4·23

啊，宇宙，那与你的造化相和谐的万事万物，于我是如此适宜。那于你恰如其时的一切事情，我也不会觉得太早，或是太迟。啊，自然，你一年四季的恩赐，都是供我享用的果实。所有事物都是从你而来，因你而生，最后亦将复归于你。诗人说，“你这亲的西克洛普斯之城[①]啊”，对于你，我不是也可以说“你这亲爱的宙斯之城啊”！

4·24

哲人[②]说，若要保持心灵宁静，那就少做些事。但这样说不是更好吗？只做必要的事情，只做合乎社会动物的理性的事情，只按照这种理性的要求去做。这样不仅能获得行事适当而带来的心灵宁静，也能获得由于少做事而产生的心灵宁静。因为我们的大部分言行都是不必要的，如果有所节制，会有更多的闲暇、更少的烦恼。所以要时时问一问你自己：“这件事是不是有必要去做？”我们不仅应该减少不必要的行为，也要抛弃不必要的想法。减少这些想法，没有必要的行为也就不会随之而来了。

4·25

努力活得像一个好人那样，看看自己在生活中是否对宇宙分配给你的那一份欣然领受。你的行为是否正直？待人是否仁爱？

---

① 即希腊神话中的雅典城，据说由雅典的第一位国王西克洛普斯所建。
② 这里所说的哲人即德谟克利特。

你对这一切是否满意？

4・26

你已经看到事情的那一面了吗？那么也想想这一面。不要自寻烦恼，尽量过一种单纯的生活。有人犯了错吗？那他也是在害他自己。你遭遇了什么事情吗？不必介意，你经历的一切自始至终都是为你安排的，那是宇宙分配给你的命运。总而言之，人生短促，你要以审慎和正义的态度来好好把握现在，即使在放松时也须保持警醒。

4・27

我们的这个宇宙，可以说它井然有序，也可以说它一团混乱，但其中仍然有某种秩序存在。如果宇宙中全无秩序，那么你内心的秩序从何而来？而且宇宙万物虽然各自独立，同时却彼此关联，和谐共处，难道能说宇宙中全无秩序吗？①

4・28

一种丑恶的性格，一种懦弱的性格，一种顽固的性格，残酷的、野蛮的、愚蠢的、昏庸的、虚伪的、下流的、贪婪的、专横无道的。

4・29

如果一个人对宇宙中有些什么一无所知，那他不过是这个宇宙中的局外人，如果一个人对这个宇宙中发生了什么一无所知，他也同样是个局外人。这样的人是一个逃避社会法则的逃兵，是一个心灵不开窍的瞎子，是一个无力依靠自己生活，一心指望别

---

① 参见6・10。

人的乞丐。这样的人是宇宙躯体上长出的一个脓疮，将他自己与我们共同本性的理性割裂开来，却不知道他与众人都正是这本性所造；这样的人是人类社会的一段残肢，他将自己的灵魂与一切理性动物的灵魂分离开来，自私而无用。[①]

4 · 30

这个人没有束袍，那个人没有书，但他们都是哲人；第三个浑身赤裸，说："我手里没有面包，但我紧握着理性。"我呢，我从知识中得到了养分，却还没能把握住理性。

4 · 31

珍惜你所学的技艺吧，安心地从事它；信赖自己拥有的一切，全心全意信奉神明，就这样度过你的余生，不要让自己成为暴君或者奴隶。

4 · 32

如果回想一下维斯佩申[②]时代，你会发现那时人们的经历和现在没有什么不同：结婚、生育、生病、死亡、打仗、吃喝、买卖、耕种、阿谀奉承、自吹自擂、猜疑、算计、诅咒别人、抱怨命运、柔情蜜意、积累钱财、梦想着做高官、当皇帝，到如今这些人已经死去，不复存在。而图拉真[③]时代的人，不也都是这样吗？往日种种，了无踪迹。再看看所有朝代和国家吧，无论生前如何竭尽全力，功勋卓著，短暂的一生还不是很快走到头，死后化为元素？关键是想想那些你熟知的人吧，那些人只会追逐虚名，而

---

① 参见8 · 34，9 · 23，11 · 8。

② 古罗马第九任皇帝。

③ 古罗马第十三任皇帝。

不知道自己身上真正的责任，有一点虚名便沾沾自喜。最重要的是要记住，你做每件事都要以事情本身的价值来判断。如果不必为那些鸡毛蒜皮的小事忙碌，也就不会失去信心或者轻易放弃。

4・33

过去使用的一些词语现在已经废弃了，同样，那些被人们交口赞颂的名字到如今在某种意义上也被忘却了，例如卡米卢斯[①]、恺撒、沃勒塞斯[②]、邓塔图斯[③]以及稍后的西庇阿[④]、加图[⑤]，然后是奥古斯都[⑥]，还有哈德里安[⑦]和安东尼[⑧]。过去的功勋很快就会消退，变成传说，不久也就完全被遗忘了。我提到的这些乃是在历史上熠熠生辉的名字，至于其他人，一旦咽了气，别人对他们就是“眼不见，心不念”了。归根结底，所谓的“名垂千古”是什么呢？只是虚无罢了。那么，什么才是值得我们追求的呢？只有一件：思想公正，行为无私，为人诚实，对于所经历的一切都坦然愉快地接受，从不大惊小怪，因为这一切都源于同一个命运的安排。

4・34

心甘情愿地把自己交给命运女神克罗托吧，让她为你纺出命运之线，把你的命运交给她来安排。[⑨]

---

① 古罗马共和国初期的独裁者。
② 古罗马共和国初期的英雄。
③ 古罗马军事活动家和政治家，曾四次当选为执政官。
④ 著名的古罗马统帅。
⑤ 古罗马执政官。
⑥ 古罗马第一任皇帝。
⑦ 古罗马第十四任皇帝。
⑧ 古罗马第十五任皇帝。
⑨ 参见5・8，7・57。

4 · 35

一切都稍纵即逝,无论是记住这些的人,还是那被记住的一切。

4 · 36

要不断地观察所有处于变化中的事物，养成这样的想法：宇宙最喜欢做的事情，莫过于改变现存的事物，再创造新的事物取而代之。因为一切事物都是种子，能够衍生新的事物，你可能只会想到那撒在大地上或子宫里的种子，这样的想法实在太浅薄了。

4 · 37

你不久就要死去，但还没有做到单纯朴素，了无牵挂，还没有摆脱外界疑虑的侵扰，还没有真正意识到所谓智慧指的不过是一件事情：行为正直。

4 · 38

琢磨一下别人是如何支配自己的吧，尤其是那些智者，看看他们力图避免的是什么，努力追求的是什么!

4 · 39

那些被你视做恶的东西与别人支配他自己的能力无关，也与你周围事物的改变和转化无关。那么它们的根源何在呢？来自于你的判断力，是你将它们看做恶的。如果你不将它们看做恶，那一切都是好的。与这种判断力联系最密切的，是你那可怜的躯体，即使躯体被刀砍、被火烧、化脓、腐烂，也不能让你的判断力受到影响，妄下论断。也就是说，毫无差别地降临于好人和坏人身上的事情既不是善也不是恶。因为，如果一件事同样发生在那些违背自然生活的人和按照自然生活的人身上，那么这件事也就无所谓是顺应或是违逆自然。

4・40

要始终这样想：宇宙乃是一个有生命的存在，只有一个实体，也只有一个灵魂。一切事物都要归结到那个唯一的知觉，受那个唯一的冲动支配。现存的万事万物的总和正是那将来的一切的源头，其中错综复杂的各种联系正如同纵横交错的网。

4・41

埃比克太德曾经说过，人是一个拖着躯壳的小小灵魂。[①]

4・42

事物的变化无所谓恶，事物在经历变化之后仍得以存在，这也无所谓善。

4・43

万事万物都在变化之中，时间好比一条激流，你刚刚看见一样事物，它便消失了，又出现了一样，但也即将消失。[②]

4・44

就像春天的玫瑰和秋天的果实，一切事情都是那么平常、不足为奇。对疾病、死亡、诽谤、阴谋以及别的那些让没有脑子的人欢喜忧虑的事情也要这样。

---

① 参见9・24。

② 参见2・17，5・23，6・15，9・29。

4・45

早一点发生的事情和晚一点发生的事情总是关联密切，因为这些事情并不是按照因果关系井然有序地各自发生的，其中包含着一种理性的秩序。现存的事物都被和谐地安排在一起，将来的一切不单单取代了它们的位置,而且与它们还有一种奇妙的联系。

4・46

牢牢记住赫拉克利特的话吧：土死了变成水，水死了变成气，气死了变成火，如此往复，循环不已。也想想他还提到有人忘记了脚下的路通向何方，说“他们连与自己关系最密切的方向都辨不清”——那便是支配宇宙的理性。而且，我们不应该“做事说话像睡着了的人一样”，因为甚至在睡梦中我们也会说话做事；我们也不应该像被管教惯了的孩子，任由父母说什么便是什么。

4・47

如果神明告诉你，“你明天就要死了，最迟拖不过后天”，明天还是后天死，你恐怕不会太在意，除非你实在是一个懦弱之极的人。这有什么差别呢！同样，你是再活很多年，还是明天就死，这也不是什么了不得的事情。

4・48

好好想想吧：多少医生曾在病人的床前频频皱眉，尽力妙手回春，最后自己却不治而亡；多少占星家预告了别人的死期，最后自己却突然暴毙；多少哲学家曾经口若悬河地讨论死亡和不朽，最后自己却默默地死去了；有多少英雄曾经屠杀了成千上万人，最后也和这些人一样来到阴间；有多少暴君，仿佛自己永远长生不死，骄纵残暴，滥杀无辜，最后还不是被死亡攫去了生命；又有多少城市，比如赫利斯城[①]、庞培城[②]、赫库兰尼姆城[③]以及其他不计其数的城市，如今也被完全毁灭了。再想想眼前，你所认识的那些人，一个接着一个，短短的时间内已经死了多少？这个人为别人送葬，自己倒下死了，埋葬了他的人不久也被埋到土里。总之，牢牢记住吧：人生是何等短促，何等卑微，昨天像是一滩黏液，明天也不过是一具木乃伊、一堆灰尘。所以，在这短暂的有生之年，让自己过得合乎自然吧，怡然地走向人生的终点，就像一枚熟透之后即将坠地的橄榄，感激承托它的大地，感激生养它的枝干。[④]

4·49

要像那岸边的礁石，任凭海浪不断地向它击打，也巍然不动，直到暴怒的海浪变得驯服。“我多么不幸啊，这样的事情落到我头上！”相反，要这样对自己说：“我是多么幸运啊，虽然发生了这样的事，但我仍旧泰然自若，既没有被现在压垮，也不为将来感到恐惧。”这样的事情谁都可能遇到，但不是每一个人都能承受这种打击。所以为什么要把它当做不幸，而不是幸运呢？难道你会把那些并没有违逆人的本性的事情当做不幸吗？如果一件事并没有违背人的意志，难道你会说它偏离了人的本性吗？那么，你是知道什么是人的意志的，这已经发生的事情能阻止你去做一个正直、高尚、克制、审慎、有判断力、不耍阴谋诡计、自尊自爱、自由的人吗？减损你身上合乎本性的一切品德吗？因此，在任何时候觉得自己遭受了不幸，请记住这一原则：这并非不幸，我的勇敢承担使它变成了幸运。

---

① 约公元前五百年被海水淹没。

② 公元 79 年维苏威火山爆发时，被岩浆吞没。

③ 距庞培城不远，公元 79 年同时被毁。

④ 参见 8·25，8·37。

4・50

要学会蔑视死亡，有一个较为平实却仍不失有用的办法，那就是想想那些到死也牢牢抓住生命的人。比起早亡的人，难道他们多得了什么吗？无论如何，他们最终还是要躺在地底下，卡迪斯亚卢斯、费比厄斯、朱利安努斯、莱比德斯这样的人[①]，曾经给多少人送葬，最后也要人送葬。总之，生死之间不过一线之隔，熬到了尽头又如何？那要经历多少烦忧苦恼，见识多少人情冷暖，拖着老迈的身体艰难地走过来！所以，不要把寿命看得太重。你身后的时间是一个无底洞，你前面的时间呢，也看不到尽头。在这种无限的时间当中，哪怕只活三天，和活了三代又有什么差别呢？

4・51

总是走直路，这种最短的道路是合乎自然的，在这条路上我们的言行也最为稳妥。走这条路，我们就可以免除一切的烦忧争斗，远离一切的造作矫饰。

---

① 此处各人名不详，当指长寿者或追求长寿者。

卷　五

5・1

大清早你不情愿起床的时候，要这么想："我起来是要去做人应做的工作，我来到世上就是要工作的，有什么不情愿的呢？难道我生下来就是为了躺在暖烘烘的被子里睡大觉吗？"——是啊，躺在被子里确实舒服。那你生来到底是为了享乐、好吃贪睡，还是尽职责的呢？你看那些小花小草、小鸟、蚂蚁、蜘蛛和蜜蜂，不都在辛勤劳作，尽它们在宇宙中的一份职责吗？而你呢？你却不愿做一个人的工作，不赶快去履行合乎本性的职责吗？——我知道啊，但人总得休息嘛——休息是必要的，但也要有限度，就像吃喝不能过多过饱一样，可你已经超出限度了，超过足够的量了。等到要干活儿的时候，你又希望越少越好，多做一点也不愿意。可见你不爱你自己，否则你也会爱你的本性以及符合本性的意志。看看别人，那些热爱自己这份技艺的人都在辛勤工作，累得骨瘦如柴，连洗澡、吃饭也顾不上；而你却不尊重自己的本性，甚至不如金银匠重视自己的手艺、舞蹈家尊重自己的舞技、守财奴珍惜他的钱财，或者虚荣的人看重他微薄的一点名声。因为在乎这些事情，他们宁肯不吃不睡也要做好，而在你眼里，难道有益于社会的工作毫无价值，不值得你尽心去做吗？[①]

---

① 参见8・19。

5·2

摈弃那些搅乱你心灵的无益的念头，恢复内心的完全平静，这并不难做到。

5·3

任何符合自然的言行，都值得你去做，不要因为别人的非议和指指点点而改变方向。任何事情只要是正当的，你便有权力去做。别人自有别人的想法，他们也有他们的意图。别理会这些人，勇往直前吧，遵从你自己的本性和宇宙的法则，因为两者原本就是同一条路。

5·4

我将按照本性在人生的道路上前进，直到有朝一日我倒下了，永远安息，向着日日供我呼吸的空气呼出最后一口气，长眠在这大地上——我的父亲靠它来耕种收获，我的母亲靠它孕育了我，我的奶妈靠它来哺育我，这大地日复一日为我提供饮食，让我延续生命。我践踏它，对它为所欲为，它只是默默地承受着我。

5·5

你心性不够灵敏，不足以令人称道——或许真是如此，但其他的品质你却不能说："那是我天生就没有的。"在你力所能及的范围内展示一下你的这些品质吧：真诚、尊严、吃苦耐劳、不贪恋享受、知足长乐、善良、自由、节俭、从不饶舌、思想高尚。看哪，你已经具备了这么多的品质，难道还有借口说自己天生缺乏这样的品格或天分不够吗？难道还不肯使自己更加尽善尽美吗？难道自然没有赋予你必要的品德，导致你怨天尤人、爱财如命、阿谀奉承、糟蹋身体、丧失自尊、自吹自擂、心灵不安吗？不，你本来早就能从这些事情中解脱出来了，如果没能解脱，那也只能是因为你天性驽钝，不能领会；但如果真的天性驽钝，也可以依靠训练来弥补，不能自甘懒散，为自己的错误找借口。

5·6

有一种人，一旦做了一点好事，就当做是对别人天大的恩惠记在他的账簿上。还有一种人虽然不至如此，可是在心里仍旧把别人当做受惠者，觉得人家欠了他的情。第三种人呢，似乎从来没有意识到自己做了好事。这样的人就像一架葡萄藤结出了葡萄，并不因为自己的果实要求什么报酬，一匹马跑完了路程、一只狗追捕到了猎物、一只蜜蜂建好了蜂房也是这样。所以在做了好事之后，没有必要大叫大嚷，只需接着做就行了，正像葡萄藤来年再结出一串串葡萄。“那么一个人必须这样行事而心里不注意它吗？”是的。“但他已经意识到自己做的是什么事了呀，因为一个真正对社会有益的人在行善的时候，不也希望他的邻人看到他所做的吗？”你说得对，但你误解了我们现在讨论的问题，所以你和上面我提到的那些人没有什么分别。不过，如果你能好好考虑我现在的话，将来就不会做出忽略众人利益的事情。[①]

5·7

雅典人有一种祈祷方式：“降雨吧，降雨吧，亲爱的宙斯啊，降雨到雅典的田地、平原上吧！”我们应当以这种朴实无华的方式来祈祷，否则就干脆不要祈祷。

---

① 参见7·73，9·42。

5·8

埃斯克勒庇俄斯[①]曾经给人开了一个药方，让他练习骑马、洗冷水澡、赤足走路，同样我们也可以说：宇宙给这个人开了个药方，让他生病、四肢不全、失去所宝贵的东西。治病的时候，“开药方”的意思是这样的，他要如此行事，以便适合他的健康；而后一种情况的意思则是：每个人的遭遇都是事先安排好的，以适合他的命运。这里所说的适合，就像工匠把石头凿得方方正正，严丝合缝地嵌进墙壁或金字塔里，让它们适合特定的建筑一样。万事万物都存在一种和谐关系，宇宙便是一个由无数单个事物构成的整体。同样，命运乃是由一件件事情的机缘巧合连缀出来的。甚至连脑子最笨的人也能明白我的意思，他们说：“这是命中注定的啊。”因为这件事落到了他头上，这是宇宙给他开的药方。那么，就像接受埃斯克勒庇俄斯开的药方一样，也接受这个命运开出的药方吧！生病时开的药方当然不可能全是蜂蜜，但为了健康，我们也都接受了。同样，那些你所遭遇的纵然有时难以接受，但和那些有益于你健康的东西一样，它们归根结底乃是为了宙斯的健康、宇宙的安宁！如果不是对宇宙有用，他绝不会让这件事降临到你头上，自然绝不会让任何不符合自然之道的东西任意胡为。因此，有两个理由能使你安心接受发生在你身上的一切：第一，那是因你而生的，是给你开的药方，与你有密切关系，一切原由从一开始就织在你的命运之线里面；第二，对于支配宇宙的力量来说，我们每个人的遭遇乃是为了它自身的和谐与完满，为了它的生生不息。即使在最微小的事情上，如果你割断了它的连贯性和统一性，也就是破坏了宇宙的完满；当你怨天尤人的时候，从某种意义上来说，你就是在割裂这种连贯性和统一性，破坏了宇宙的完满。

---

① 罗马神话中的医药之神，手持灵蛇缠绕的木杖。

5 • 9

如果没有能够使自己的每一个行为都符合正确的原则，也不要厌恶自己，不要沮丧，不要放弃。如果你受了沉重的打击，失去信心的时候，要想想自己的大多数行为都是合乎人性、问心无愧的。热爱你正在恢复的本性吧，去见哲学家时不要像小学生去见老师那样不情愿，而要像那些忍受眼疾的人希望得到一点海绵和蛋清，像那些想求得一块药膏、一次热敷的病人一样。因为你不应该只是炫耀自己遵从理性，而要意识到自己就栖身于理性之中。要记住，哲学所要求你的，正是你的本性所要求你的，但你希望得到的，却不符合自然。还有什么比遵从自然更令人愉悦的呢？你犯错，不是因为受了肉欲享乐的引诱吗？想想看，胸怀远大、自由、朴素、善良、虔诚，这些不是更令人愉悦吗？当你感到运用理解力和知识解决问题是多么实在和快乐的时候，还能有什么比智慧本身更令人愉悦呢？

5 • 10

现实总隐藏在一层面纱背后，为数不少的哲学家（包括杰出的哲学家）都认为要了解它完全在我们的能力之外，甚至对斯多葛派哲学家来说，它也难于理解。我们的一切感官印象不见得完全都对——哪里会有从不犯错的人呢？看看那些我们感受到的事物吧：多么短暂、卑微，多么容易成为胆小鬼、娼妓、强盗之流的财产啊！而你身边的那些人，即使最易于相处的也都令人难以忍受，更不必说自己是否能忍受自己了。一切都是如此黑暗和肮脏，时间在永无休止地流逝，事物在不停变化，人的一切行为也处于变动之中，我实在看不出其中有什么值得我们尊重并且认真去追求的东西。反之，我们要做的应该是安心等待生命的完结、身体的消解，也不要迫不及待，心里要坚定地存着这两个信念：

第一，凡我所遭遇的必定是符合宇宙本性的；第二，凡与我内心的神明相违逆的事情决不去做，这乃是我的权力，没有人能逼迫我去违背它。

5 · 11

“目前我是如何支配我的灵魂的，出于什么目的？”要时时这样问自己，自我反省：我身上人们称之为支配能力的那一部分，我正用它来做什么呢？现在占据我的这个灵魂是怎样一个灵魂呢？它属于一个孩子还是一个年轻人？是属于一个妇人、一个暴君、一只家畜，还是一头野兽？

5 · 12

从以下的这些现象中，你可以看出大多数人认为好的事物究竟是什么样的。如果认为诸如智慧、节制、公正、勇气毫无疑问都是好的，如果他心里装的都是这些，那么他就不会有心思去听“他是如此富甲一方”之类的诗句，因为这两者很不相称。但若是有人一开始就看重那些多数人认为好的东西，他肯定乐意听一听这样的喜剧诗篇，并欣然接受。其中的差别，连平常人也能看得出来；否则，这种玩笑话在前一种人听来便不会觉得刺耳，不愿意去听，反而在听到人们谈论升官发财、功名利禄的时候，还会觉得说得真是机智俏皮呢。那么，接着问问我们自己，如果已经对这些东西有了清醒的看法，是不是还会看重它们，觉得它们是好的？喜剧作家笔下的那个人，我们可以说他什么都不缺，“却没有办法使自己得到安宁”。

5 · 13

我由质料和形式构成，这两者都不会完全湮灭，归于虚无，因为它们都不是从虚无中生出来的。所以，组成我的每一部分都将经历变化，成为宇宙的一部分，再演化为宇宙的另一部分，循环往复，永不停息。我通过变化得以存在，我的父母也是如此，向前可以无限地追溯下去（没有什么能阻止我们这样说，尽管宇宙的支配终有限期，只是在一定的时代中存在）。

5 • 14

无论就其本身还是它们的工作而言，理性以及使用理性的技艺都具有自足的能力。以从属于自身的既定原则作为起点，它们直接奔向前方的目标。这就是为什么遵从理性的行为被称为正确的行为，这表示这样的行为是循着正确的道路前进的。

5 • 15

对于那些不符合人的本性的事物，不应该将它归为人的。它们不是人所需要的，也不是人的本性所包括在内的，对于实现人性的完满也无益处。所以说，人生的目标不应该放在这些不符合本性的事物上面，那些有助于实现人生目标的东西（即使是善）也不应该放在这些事物上面。此外，如果这些事物中有什么有利于人，那么轻视和抗拒它就是不对的，不愿接受它的人也就不值得赞扬；如果这些事物的确是好的，那么放弃了它们的人也就很难说是好人。不过，如果一个人失去了这些事物，或者说被剥夺了它们，他越能忍受这样的损失，就越是一个好人。

5 • 16

你平时是怎样想的，你的灵魂便也就是怎样的，因为灵魂受思想的熏陶。那么就这样去想吧，用这样的想法来陶冶你的灵魂：只要能生存的地方，就能在那里生活得很好。只能住在宫殿里吗？那么在宫殿中也要好好生活。还有别的呢：每一样事物，无论是为了什么目的而造成这样的，最终都是为了这一目的；无论它如何实现这个目的，它最终都要去那里；而它的目的所在，最终也都是为了利益和善。理性动物的善就在于与他人和谐共处，因为我们便是为了这份和谐而造的。难道你还不明白吗？低等的生物要从属于高等的生物，高等的生物是要互利互惠的。有生命的事物高于无生命的事物，而有理性的生物比那些仅有生命的生物要高级。

5·17

追求不可能的事情便是疯狂，但恶人做事不可能不疯狂。

5·18

一个人天生不能承担的事情，不会降临在他身上。同样的事情发生在另一个人身上，或许是由于他没有意识到，或许是为了故意表现一种承担的勇气，他经受住了，并且毫无损伤。懵然无知和虚荣自满居然比智慧更强大，这难道不是怪事吗？

5·19

事物是完全不能够把持灵魂的，它们也不与灵魂相通，不能改变它、驾驭它；只有灵魂本身才能改变和驾驭它自己，而且能够确保：凡是它做出的判断，都是它认为有价值的。

5·20

从某一方面来看，别的人与我们关系最为密切，因为我们要容忍他们，为他们谋福利。但他们当中如果有人阻止我履行义务，那这些人就与我毫不相干了，在我看来就和太阳、风或者一头野兽差不多。这些人可能会阻碍我做这件或者别的事情，但他们却无法改变我的想法和性格，因为我能够在不同情况下站在我的利益上处理事情。因为思想能改变那些阻碍的事物，使它们成为有利于实现目标的动力，这样，原本有障碍的道路就平顺了。

5・21

敬畏宇宙中最强大的力量吧，正是这力量在利用、掌控着世间万物。同样，也要尊重你内部那个最强大的力量，因为它也具有类似的能力。它支配着你的一切，你的生命受它统治。

5・22

那无损于国家的事情，也无损于公民。每次你觉得自己受了伤害，应该这样想："如果这不会损害到我的国家，那么我也不会有什么损失。"但如果国家确实受到了损害，也不要对这个犯错的人发怒，而是告诉他，他做错了什么。

5・23

要经常想想：现存的一切和将来要发生的一切消失得是多么快啊，瞬间就不见了踪影。一切实体就像一条水流湍急的河，它们的一切活动都处在不断的变化之中，其中的因果也变幻莫测，没有什么是永恒静止的。对我们来说，过去的一切转瞬即逝，未来的一切也是一个无底的深渊，没有什么能留存下来。那么，那些自鸣得意、怨天尤人、伤心痛苦的人不是傻子又是什么呢？难道困扰他们的这些事情能永世长存吗？

5・24

想想那宇宙中的万物，你仅仅是其中微小的一个；想想那宇宙的时间，你所得到的只是其中的一个瞬间；再想想那命运的造化，你拥有的不过是其中微不足道的一份啊。

5 · 25

有人冤枉了我吗？那是他的事情，他有他自己的脾气和行为。宇宙的本性要我有的，我都有了；我的本性要求我做的，我也正在做。

5 · 26

要确保主宰你灵魂的那一部分不受任何肉体活动的干扰，无论那是快乐还是痛苦；不要将肉体和灵魂混在一起，要限制它的活动，让那些感情只限于肉体的范围之内。不过，你毕竟是一个灵魂和肉体统一的生物，如果这些感情无形中进入了你的心灵，那么也无需抗拒，因为它是自然的，要注意的只是：不要让你的支配能力来参与判别它的善恶。

5 · 27

与神明为伴。如果一个人不断地向神表明：他的灵魂如何满足于分派给他的命运，如何认真遵照在内心守护他的神明（那是宙斯赐给每个人，主宰我们、指导我们的神明）的意愿行事，这样的人就是与神灵生活在一起的。那守护我们的神，便是每个人都有的思想和理性。

5 · 28

遇见有狐臭的人，你会对他生气吗？对有口臭的人呢？生气又有什么好处呢？有这样的腋窝，有这样一张嘴，气味难闻是很自然的。“是啊，但他不是有理性吗？只要好好想一下，就能发现自己为什么招别人讨厌。”啊呀，你不也有理性吗？那为什么不能用你的理性来引导他，指明他让别人讨厌的地方，引起他的注意。如果他肯听，你可以给他医治，用不着发怒。

因为你不是演员，也不是妓女。[①]

5・29

你可以活下去，也可以决定什么时候离开。但如果别人不想让你活了，那么就走吧，也不要表现得像是受了什么伤害。就好像觉得屋子里烟雾太重，我得出去[②]，这有什么了不起的呢？但如果没有什么正当的理由让我离开人世，我就留下来，自由自在地过活，没有人能阻止我做我想做的事，阻止我活得像一个有理性的人，社会的一分子。

5・30

宇宙的理性为一切事物谋利，它使低等的事物从属于高等的事物，又使高等的事物之间互利互惠。你看，它使一切高下有序，相互合作，让每一样事物都各得其所，安排万物的灵长和谐共处。

5・31

迄今为止，你是怎样对待神灵、父母、兄弟、妻子、孩子、师长、朋友、同胞和奴仆的呢？你对这些人是不是做到"没有做过一件不得体的事，没有说过一句不得体的话"？想想那些你经历过的一切，你忍受过的一切。你的生命快要走到尽头了，你也快要尽完自己的职责了。你曾经见过多少壮丽的景色，人世的喜乐悲欢你从来不以

---

① 其他版本没有这一句，估计是由于希腊原文章节有脱落，后人校订时处理方式不一。

② 谚语："只有三样东西能将人赶出屋子：烟雾、漏水的屋顶和吵闹的妻子。"

为意，对雄心壮志你无动于衷，对得罪你的人总是以德报怨。

5・32

为什么无知、粗野的灵魂会困扰有修养、有知识的人呢？什么灵魂才是有修养、有知识的呢？它应该能参透事物的始终，能觉察那统摄万物的理性所在，而且知道这理性能支配整个宇宙循环往复、生生不息。

5・33

快了，快了，你很快就将化为灰尘、一具骷髅，只剩下一个名字，甚至连名字也不存在了；因为人的名字不过是一种声响连同它的回声。生前最看重的一切都显得那么空洞、易逝、微不足道，不过像一群小狗在互相撕咬，像儿童在吵吵嚷嚷，一时欢笑、一时哭泣。只有忠诚、谦逊、正义和真理永存，从这尘世飞向了众神居住的奥林匹斯山。那么，还有什么使你留恋这尘世呢？我们感知的对象变化无常，从不静止，而我们的感官又是如此迟钝，容易被表象迷惑，我们那可怜的灵魂也不过是血液里升腾出来的一股烟气，名声荣耀不过是一场空虚。那该怎么办呢？安心从容地等待你的生命终了吧，不论它是就此消散还是变成别的事物。在那一刻来临之前，应该做些什么呢？赞美神灵，对人行善，宽容忍耐，除此之外还能做什么呢？要记住，你所能支配的只是自身的肉体和呼吸之内的一切，除此之外，非你所能控制。

5・34

如果你循着正确的道路前进，思想行为都不脱离这条正道，你就能过得幸福。无论神的灵魂，还是人或者任何理性动物的灵魂，都有相似的特点：彼此互不干涉，坚持正义，行事公道，不因自己的私欲妨害他人。

5·35

如果这不是我自己的罪过，也不是我的罪过导致的后果，公共利益也没有受到损害，为什么我还要惶恐不安呢？公共的利益是怎样受到损害的呢？

5·36

不能全然相信你的感官印象，按照他们应得的，尽你所能去帮他们，无论他们的损失有多小。但你不应该认为他们真的受了损失，因为人总是以为自己受到了伤害，那不是一个好习惯。相反，你应该像那个舞台上的老人，在即将离开人世时，还向义子要回他的陀螺，尽管明知那只是一个陀螺而已。你也应该这样做。你可以用这种戏剧化的方式表达你的同情。人啊，你忘记了这些其实是什么东西吗？“是的，但只有对于失去它们的人，这东西才显得那么重要。”——那些人在做蠢事，你也要当傻瓜吗？

5·37

“过去，无论在哪里，我都算得上是个幸运的人。”所谓幸运，便是一份好运气，而好运气无非来自于灵魂赋予的好脾气、好动机、好行为。

卷　六

6·1

宇宙中的一切实体都是温顺、驯服的，那支配它们的理性本身没有任何恶，也不会行恶，因为它的本性中不存在恶，行为里面也不存在恶，不损害任何事物。万事万物都是遵照理性的意愿被创造出来，并得以完善的。

6·2

只要你是在尽自己的责任，那么无论忍饥受冻还是衣食饱暖，昏昏欲睡还是精神振奋，无论你得到的是唾骂还是赞美，无论你即将离世还是忙于其他的工作，都毫无差别。因为死亡也是人生当中的一件事情，所以在离开人世之前，把手里的工作做好就足够了。

6·3

要观察事物的本质，不要忽略任何事物的特质和它的价值。

6·4

一切存在的事物都在迅速变化，最终要么回到大气当中（如果宇宙万物都是一体的话），要么就消散了。

6·5

那支配万物的理性清楚它自己的意愿，知道它造了什么，用什么原料造的。

6 • 6

最高尚的报复方式是不要变成你的敌人那样的人。

6 • 7

只在一件事情上享受快乐并从中获得安宁，不断地为众人造福，心里保持对神的虔敬。

6 • 8

那支配万物的能力是自发产生的，它能改变自己，以任何形体存在，使一切事物按照它的意愿发生。

6 • 9

一切事物都是遵照宇宙的普遍本性来完成自身的，它们不可能遵照任何其他本性——或是宇宙之外、比宇宙更大的本性，或是宇宙之内任何一个独立的本性，或是这两者之外任何独立的本性——来完成自身。

6 • 10

宇宙要么一片浑沌，是无数原子的聚合离散；要么就是一个统一体，有主宰它的秩序存在。如果宇宙是一片浑沌，为什么我还愿意留在这个混乱无序的世界里呢？除了考虑有一天我也要“归于尘土”，还有什么值得我关心的事情？说到底，我何必烦忧呢？不论我做什么，最终都是要死的，那还有什么可烦忧的呢？如果宇宙有秩序有主宰，我便虔诚地、坚定不移地信奉那主宰万物的力量，更加无需烦忧了。

6・11

有时当你为环境所迫、烦躁不安的时候，要赶快克制自己，不要一直处于那种失衡状态。因为如果你能不断地观照内心，便能更好地控制自己。

6・12

如果你同时有一位后母、一位亲娘，你应该好好地伺奉后母，也要经常去看望亲娘。现在宫廷和哲学就好比你的后母和亲娘，经常投入哲学的怀抱吧，在那里得到安宁。这样你就可以容忍宫廷中的生活了，而宫廷也能容忍你。

6・13

对于摆在面前的佳肴美味，如果你能这样想，就能看到它们的本质：这是一条鱼的尸体，这是一只鸟、一头猪的尸体；这酒呢，只是葡萄的浆汁，而身上的紫袍不过是在蚬血里染过的羊毛；而性交，也就是器官的摩擦，伴随着一阵抽搐、喷出一点黏液而已。这样就能看穿事物的形态，直达本质，看清它们到底是什么。你在生活中也应该这样来看待一切，即便那些似乎最值得称赞的事物，也应当将它剥得赤裸裸的，发现它实际上毫无价值，除去了外在的虚饰之后它什么也不是。因为骄傲是个最狡猾的骗子，你若相信自己做的是最有价值的事情，你对此深信不疑的时候，也就是它阴谋得逞的时候。这样的例子难道还少吗？想想克拉蒂斯[①]在评价塞诺克拉蒂斯[②]时说的话吧。[③]

---

① 犬儒主义哲学家。

② 柏拉图的弟子，曾主持柏拉图学园。

③ 参见9・36。

6·14

平常人所称赞的，大多是那些浑然一体的物质，例如石料、木材，或者是那些简单的植物，例如无花果树、葡萄藤、橄榄树；对事物的判断再深入一点的人，他们更愿意赞美那些由天然的生命力维系成整体的事物，如羊群、兽群；那些思想更深刻的人，他们欣赏的则是被理性的灵魂召集在一起的群体，但那还不是绝对的理性，这种理性仅仅表现在某种技艺上，或体现在其他使用工具的能力上。而那些尊重充满理性的灵魂、看重社会责任的人，他们推崇的不是以上任何一样，而只有一件事情：那就是确保自己的灵魂合乎理性和社会责任，遵照理性与和他本性相同的人合作，实现最终的目标。

6·15

有些东西在忙着生，有些东西在忙着死；那刚刚新生的，有一部分已经凋亡了。运动和变化使世间万物永远年轻，就像那无尽的时间激流冲刷一切，使之光洁如新。在这滚滚急流中，一切都在飞逝而过，有什么是值得人视若珍宝的呢？这就好比一个人爱上了那在天空中掠过、转瞬就不见踪影的飞鸟。说到底，你、我、任何人的生命都只是血气的蒸发和空气的呼吸。我们将空气吸进肺里，又呼出来，人生也是这样啊，昨天或前天你出生时从宇宙那里得到了呼吸的本领，有朝一日你又要将它还回去，从哪里得来的，便还到哪里去。

6·16

从空气中吐故纳新，连植物也会；靠呼吸来维持生命，连家畜和野兽也会；从外界获得感官印象、被各种欲念操纵着行动，和别人群居共处，用饮食来养活自己，这些都不是有价值的事情，实际上，吃进食物和排泄又有什么差别呢？那么，到底什么才是有价值的？是众人对我们的欢呼赞美吗？当然不是。这样的赞美不过是舌头在嘴里摇动，有什么价值呢？所以你不应当醉心于功名，那什么才是真正有价值的？在我看来，要顺应你生命的要求来取舍自己的行为，因为任何职业和技艺都自有它的目的。而每一种技艺，都指向它被创作出来的那种目的，种葡萄的、驯马的、养狗的人都是如此。而训练和教育儿童又是为了什么呢？这才是真正有价值的事情。如果投身于此，便不会再去追求别的东西。你还要追逐别的东西吗？那么你便得不到自由，不会知足，也无法摆脱感情的支配。因为如果有谁抢了你想要的东西，你内心必然充满嫉妒、艳羡和猜疑，如果有谁拥有你看重的东西，你还会想办法去加害他们。总之，如果内心对这些充满了欲念，必定得不到安宁，甚至会常常抱怨神明。但如果你尊重自己的理智，以它为荣，便能够知足长乐，与他人和谐共处，顺应神的安排，也就是说，对于神赐予和安排的一切，你都虔诚地感恩。

6・17

向上、向下、旋转，这都是元素在运动。但德性的运行却与此不同：它更为神圣，是以一种不易觉察的方式在它自己的道路上愉快地行进着。

6・18

人们的行为真是再奇怪不过了！对于那些与自己同一个时代、和他们生活在一起的人，他们从来不肯说任何好话，却又格外看重后世的人会如何称颂自己，尽管那些人他们从未见过、甚至永远也见不到。这和你因为没有得到前人的赞美而感到委屈，是一样的可笑。

6 • 19

不要以为你自己难以完成的事情，别人也不可能做到；同样，如果有什么事情是别人能够做到的,那么要相信你自己也能做到。

6 • 20

如果有人在竞技场上用指甲抓伤了你，或者用头撞了你，尽管如此，也不要认定他是坏人，觉得他是故意的，甚至怀疑他将来会害你。没错，我们要保护自己，但也没有必要总是满怀敌意，心底存着猜疑，平心静气地让开他就是了。同样处理你在生活中遇到的其他事情吧，就像在竞技场上一样，多多包容你的对手吧。因为，正如我所说的，避开他们就是了，心里不要存着任何的猜疑或者仇恨。

6 • 21

如果有人能够证明我的某些想法和行为是错误的，那么我将欣然接受。因为我追求的是真理，真理不会伤害任何人，除了那些执迷不悟、知错不改的人。

6 • 22

我只要好好地尽我的一份责任，没有别的东西能搅扰我。因为这些东西要么是没有生命的，要么是没有理性的，要么就是迷失方向、误入歧途的。

6 • 23

对于那些没有理性的生物和其他东西，要高尚而慷慨地对待它们，因为你有理性而它们没有。而对人呢，他们也有理性，所以你要友爱地对待他们。时时都要请求神明的护佑。只要能这样去做，时间长短是不重要的，哪怕这样活三小时，也就足够了。

6・24

马其顿的亚历山大和他的马夫在死后便完全平等了。因为他们要么都回到了宇宙繁衍生息的规则之中，要么就都消散成了无数的原子。

6・25

想想吧，在那短短的一瞬间，我们的身体和灵魂之中有多少事情发生？所以如果在这同样的一刻里发生更多的事情，也不要感到奇怪——要知道这宇宙中有多少事物同时产生、同时存在啊。

6・26

如果有人问你，“安东尼这个名字怎么拼？”你会不耐烦地、重重地说出每个字母吗？如果惹恼了他们，你也要对他们发火吗？为什么不和和气气地接着说，一个字母一个字母地告诉他们呢？要记住，生活也正是这样，你的每一项义务都是由一系列小事构成的。你要好好地履行自己的义务，不要被干扰，如果有人对你恼怒，也不要以牙还牙，不必在意，只管去有条不紊地完成手里的工作。

6・27

阻止别人追求那些他们自认为合乎本性和有利的东西，是一件很残忍的事情。从某种意义上来看，尽管你是因为他们的恶劣行为而生气，但你的行为剥夺了他们这样做的权力。他们之所以这样做，是因为他们觉得这些事情是对的，是对他们有利的。“没错，但他们这样想是不对的啊。”那么，就教育他们，耐心地告诉他们错在什么地方。

6・28

死亡是一种休憩，不再受感官快乐的引诱，不再如木偶般被欲望所操控，各种飘忽不定的想法不再出现，肉体的劳作也就此停歇。

6・29

多么令人羞愧呵！你的身体还没有放弃战斗,灵魂倒先屈服了。

6・30

记着，不要成为恺撒那样的人，不要玷污身上的紫袍。努力成为这样的人吧：朴素、善良、严肃、高尚，不做作、爱正义、敬神明、温柔可亲、恪尽职守。什么样的人是符合哲学道义的人，就要努力成为什么样的人。对神明要心存敬畏，对你的朋友要互助友爱。人生苦短，我们在尘世的生命只有这唯一的收获：虔诚的性格与仁爱的行为。无论做什么事，都要像安东尼那样[①]：像他一样满怀热忱地按照理性行事，像他一样公正无私，像他一样虔诚，表情庄重，待人亲切，像他一样不为虚名所累，像他一样专注于理解事物的本质。还要记住，在仔细考察并且有了清楚的认识以前，他绝不放过任何一件小事；对于那些无理指责他的人，他总是宽容忍让，从不反击。他做事总是那么从容不迫，不听信诽谤谣言。在考验人的品性时他是那么谨慎，他不会吹毛求疵，不喜好阿谀奉承，不过分猜疑，也不会自命不凡。对于衣食住行、奴仆随从，他的要求只是简单朴素；但工作起来他又是那

---

① 参见 1・16 和 1・17。

么辛勤，充满耐心。他从早到晚地工作，由于饮食简单，除了惯常的休息之外他不需要任何别的放松。他对朋友是那么忠诚，始终不渝。他能容忍反对他的人，若是有人能对他的看法提出更好的意见，他更是欣然接受。他对神明的态度是那么虔诚坚定，却不包含任何迷信。以他作为楷模吧，这样在你生命的最后时刻来临之际，你也能像他一样问心无愧。

6・31

赶快醒来，恢复神智吧，这样你就能发现不过是做了一场梦，明白让你困扰的只是梦幻，你清醒过来之后，再看看你面对的现实，也正如同你梦中面对的景象。

6・32

我是由身体和灵魂组成的。一切事物都与身体无关，因为身体不能感觉种种事物的差别。但对于心灵，只有那些不属于它自身活动的事物才与它无关，而它自身所有的行为，都在它控制之下。然而，即使这些事物与心灵有关，那也只是在现在。因为对于心灵将来和过去的活动而言，那也与现在毫无牵涉了。

6・33

无论是手上的疼痛还是脚上的疼痛，只要脚还能做脚的工作，手还能做手的工作，那么手脚遭受疼痛就不是不合自然的事情。同样，对于一个人来说，只要他所受的痛苦不至于使他连人的工作也做不了，那也就是不违反自然的。既然并非违反自然的，对他来说也就不算是坏事了。

6・34

想想吧，强盗、胆小鬼、弑父者和暴君是从什么地方找乐子的。

6・35

难道你没注意到吗？那些手艺人虽然在一定限度内能容忍外行人，但对于他们做手艺的原则，那是一丝一毫也不肯让步的。建筑师和医生也看重自己这门技艺的原则，这不足为奇。但如果一个人不知道尊重支配他生命的原则，不知道尊重他与神明共有的理性，岂不是咄咄怪事？

6・36

亚细亚、欧罗巴只是宇宙的一角；所有的海洋也不过是宇宙中的一颗小水滴，阿索斯山[①]是宇宙中的一个小土块；现在是永恒当中的短暂一刻……一切都是那么微不足道、变化多端、渺小易逝。万物的出现都源于宇宙的统治规则，只不过有的直接产生，有的间接出现。因此，狮子张开的大嘴、有毒的东西、一切不招人喜欢的东西，像荆棘、烂泥等，都是随着高尚伟大的事物一起出现的。所以不要以为它们与你尊崇的事物截然不同，须知万物乃来自于同一源泉。

6・37

看见了现在的一切，那么对于亘古以来的一切和未来无限延续的一切也都了然于胸了。因为一切事物的种类和形式没有什么不同。

---

① 位于希腊东北部，后为希腊东正教的圣地。

6 · 38

要时时记着，宇宙中一切事物都有密切联系，相互关涉。万事万物都是以某种方式互相联系的，所以要相互善待。事物的出现都有内在的秩序，是由一种收缩的运动、遍布宇宙的共同呼吸和宇宙的统一性造成的。[①]

6 · 39

适应你命中注定的环境；爱那些注定与你生活在一起的人，要真诚地爱他们。

6 · 40

每一个器械、工具和器皿，如果实现了它创造出来的目的，便是好的。虽然造它们的人并没有一直留在它们身边。但只要是与自然相和谐的东西，那创造它们的力量便会一直存在、停留于它们之中。因此，你更应当尊重你的理性，并且相信如果你能遵从理性来生活，那么你心中的一切意愿都能达成。同样，宇宙万物也都能达成其意愿。

6 · 41

对于不在你的意愿控制范围之内的事物，如果你按照自己的观点判定为好的或坏的，那必然导致这样的结果：如果有坏事落到你头上或者错过了什么好事，你就会怨天尤人，把罪责归咎于神明，或是怨恨那些你觉得导致你失败的人。实际上，反而是我们自己犯了错，因为我们总是把自己的价值观强加到事物身上。

---

① 这句话牵涉到斯多葛派对于宇宙运行状态的理解，他们认为有两种运动，一种是扩张的运动，能创造事物；一种是收缩的运动，能赋予事物特质。

如果我们能只在能力所及的范围之内辨别事物的善恶，那就不至于抱怨神明，或是对旁人满怀敌意了。

6・42

我们是为着同一个目标而在一起工作的，有些人明事理、有判断力，另一些人却不知道自己在做什么，和睡着的人没什么区别。但即便是睡着了，人也是在工作的，我想，就像赫拉克利特所说的，他们也是宇宙中的劳动者，能与别人合作。有些人是积极地合作，有些人却是以另一种方式合作，即便他们是在拼命找茬、阻挠事情的进展，但也仍然算得上是在合作，因为宇宙也需要这样一些人。做哪一种人，这就由你自己决定了。无论哪一种，那主宰一切的神明都会好好地使用你，把你当做他的劳动者和合作者，给你一个合适的位置。但你一定要做一个积极的合作者，不要扮演克吕西帕斯所说的那种“喜剧当中的滑稽台词”的角色[①]。

6・43

日神难道会掌管降雨的工作吗？医药之神难道会负责粮食的丰收吗？其他神明不也有各自的职责吗？他们各司其职，难道不是为了同一个目标而工作吗？

6・44

如果神明已经安排好了我的命运，那么这个安排便是好的。因为如果神明判断有误，那是绝对难以想象的事情，而且他们又

---

① 斯多葛派哲学家，他的这个比喻被普鲁塔克记载在自己的著作里，大意是：诗人们会在喜剧里加进一些笑料，笑料本身没有什么价值，但为喜剧增添了乐趣；宇宙中难免有恶人，不值得称道，但这种人在宇宙中也自有用处。

何至于伤害我呢？那样做无论是对神明自己，还是对他们最为重视的普遍的善，又有什么好处呢？即使他们对我这一个体并未做出安排，他们也会为宇宙普遍的善考虑，为了这个善而做出的安排，无论结果如何，我都必定要同意和接受。如果我们假设神明没有任何安排——这种想法真是大为不敬！如果真是这样，我们就会不祭祀、不祈祷、不对他们发誓，再也不会按照神明就在我们之中的那种信仰来行事了——但我是说，假如神明真的没有安排我们的命运，那么我自己也能决定自己的命运，我要考虑那于我有利的究竟是什么。对于存在的一切事物，只要符合它自身构造和本性的，便是有利的。而我的本性，便是一个有理性的人，社会的一分子。就像安东尼所说的，我的城邦与祖国是罗马，但对于一个宇宙的人而言，我的城邦与祖国乃是这个宇宙，因此对它们有利的，也对我有利。

6・45

人所遭遇的一切，都是为了宇宙的利益，认识到这一点也就够了。但如果你仔细观察，从整体的角度来进一步考虑，你会发现，那对某一个人有利的，对其他人也是有利的。不过，这里所说的“有利”应该从广泛的意义上来理解，因为它所指的事物本身既非善也非恶。

6・46

在圆形剧场之类的地方看表演，时间长了自然会觉得不舒服，因为节目总是千篇一律，令人生厌。对于人生想必你也会有这样的感受。一切事物，看似有高低贵贱，其实都是一样的，来自同一源头。但是生命的存在又能有多久呢？

6・47

要常常这样想：无论什么身份、什么职业、什么种族，那些人都已经消失了。你甚至能够回想到腓力逊、菲伯斯、奥里葛尼安[①]。再想想别的人吧。我们必须来到另外一个世界，这里有那么多伟大的雄辩家、那么多高尚的哲学家——赫拉克利特、毕达哥拉斯、苏格拉底——还有那么多从前的英雄、将军，以及后世的暴君；此外还有尤多克斯[②]、希巴克斯[③]、阿基米德[④]，以及许许多多的人：思想敏锐的、灵魂高贵的、勤劳肯干的、多才多艺的和那些像门尼帕斯[⑤]之类无所畏惧的人物，他们嬉笑怒骂，无情地嘲弄过人生的短暂。想想看，这些人全都早已化为尘土。有什么必要为他们唏嘘不已呢？还有多少人连一个名字也没有留下来啊！人生在世，只有一件事情是真正有价值的：怀着真诚和正直度过一生，甚至对不诚实、不公正的人也保持仁爱的态度。

6・48

如果你想让自己欢欣鼓舞，就想想你身边那些人的好品质吧。这一个精力充沛，那一个虚怀若谷，还有一个乐善好施，其他各人有各人的优点。想想那些与我们生活在一起的人身上都有什么美德，纷纷列举出来，越多越好，没有什么比这更让人高兴的了。一定要时时记着众人的这些美德。

6・49

如果你的体重不足三百磅，我猜你也不至于因此而懊恼吧。

---

① 此处人名生平不详。

② 古希腊天文学家及数学家。

③ 古希腊天文学家。

④ 古希腊数学家及物理学家。

⑤ 古希腊犬儒派哲学家、讽刺作家。

那为什么要因为只活了这么些年而不是更长而感到难过呢？你既然能对分配给你的身体重量感到满足，那就应该也满足于分配给你的时间。

6・50

如果你是秉着正义的原则去做的，哪怕别人不愿意，也要尽量说服别人。不过，如果有人用武力阻挠你，你也不要恼怒急躁，因为别人的阻挠同样能使你展现另一种美德。记住，你的目标是受环境时机所限制的，你不会去做不可能实现的事情吧。那你的目标是什么呢？就是要根据具体环境来实现目标。而这个目的你已经达到了，我们希望自己做到的事情，我们已经做到了。

6・51

追逐虚名的人把幸福寄托在别人的言辞上；贪图享乐的人把幸福寄托在自己的感官上；而有理智的人，则把幸福安置在自己的行动之中。

6・52

对某件事情保持缄默，让我们的内心不受干扰，这没有什么不对，因为事物本身并没有那种强迫我们做出判断的本性。

6・53

要养成这样的习惯：认真倾听别人说话，尽可能地深入对方的内心。

6・54

无益于整个蜂群的，也无益于单只蜜蜂。

6 · 55

如果水手辱骂舵手，或者病人辱骂医生，可能只有一个后果。舵手还能保证船员的安全吗？医生还能保证病人的健康吗？

6 · 56

和我一起进入这世界的人，有多少已经撒手离去了！

6 · 57

在得了黄疸病的人嘴里，蜜尝起来很苦；在得了狂犬病的人看来，水很可怕；在小孩子心目中，玩耍的球便是一件宝贝。那么我为什么恼怒呢？和黄疸病人体内的胆汁、狂犬病人体内的毒素比起来，难道错误的看法对一个人来说不也同样可怕吗？

6 · 58

没有任何人能阻止你按照你自己的本性去生活；没有任何一件不合宇宙的自然之道的事情会落到你头上。

6 · 59

人们想要巴结的都是些什么人呢？目的是什么呢？又需要些什么手段呢？这一切很快就要被吞没，看，它已经吞没了多少东西！

卷 七

7・1

什么是恶？都是些你经常看到的事物。无论发生什么，都要这么想："这乃是你常见的。"无论向上看、向下看，你到处都可以发现，从古至今，历史上也有很多这样的事情，甚至现在我们居住的城邦、我们的房屋也充斥着这样的事情。这不是什么新事物：一切都是常见的，短暂而易逝。[①]

7・2

你所持的信条乃是有生命的。除非那与它们相应的思想之光熄灭了，不然它们怎么会消亡呢？但不断地把这些思想的火焰扇旺，是你可以做到的。我对这件事情能得出正确的看法。既然能做到，为什么要烦恼呢？外在的事物与我的心灵毫不相干。一旦明白这个道理，你就不会再有什么忧虑了。你有能力让自己的生活焕然一新。用单纯的眼光来打量那些曾经见过的事物吧，你的新生活就在其中。

7・3

无聊的庆典仪式、舞台上的做戏、羊群牛群、竞技场上的打打杀杀，扔骨头逗弄狗儿，撒面包渣子喂鱼，蚂蚁拖着小小的身躯在忙着搬运粮食，受到惊吓的老鼠四散逃跑，被人操纵在手里

---

① 参见9・14。

的木偶……你要在其中摆正自己的位置，要心境平和，别总是看不起这些事情。但同时，你也要记住，一个人的价值可以用他自己专注的事情来衡量。

7·4

交谈时要留意别人的话，做事要考虑后果。后者让我们一开始就认清事情的目的，前者则让我们能参透对方的意思所在。

7·5

我足以胜任这件工作吗？如果是，那么我就把它作为宇宙本性赋予我的工具来使用，尽力完成它。但如果不行，我要么就把这件工作让给更适合的人选来完成，因为无论从哪方面来说我都有责任这么做；要么我就尽力而为，接受别人的帮助——在他的帮助下，利用自己的支配能力去做那些恰当的、有利于公共利益的事。我所做的一切，无论是自己去做的还是在别人的帮助下做的，都应该只有一个目的，那就是公共的利益、社会的和谐。

7·6

多少曾经声名显赫的人都已经被淡忘了，又有多少人在赞颂别人之后也被死亡带走了。

7·7

不要不好意思向别人求助，因为你必须像受命进攻城池的士兵一样，完成你肩上的重任。那样的情况下，若是你瘸了腿无法自己爬上城墙，难道也要拒绝其他士兵的帮助吗？

7 · 8

不要为将来的事情忧虑，因为如果那注定要发生，你只能面对，对现在你所面临的这些事情，也要这样对待。

7 · 9

一切事物都是互有关联的，连结万物的纽带是神圣的，几乎没有一个事物能够独立存在，因为它们联系在一起，有秩序地组成同一宇宙。只有一个由万物集合组成的宇宙，也只有一位共存于万物之中的神明，万物本是一体，遵循同一法则，有智性的生物中存在共同的理性、共同的真理，对于这些本源归一、共享同一理性的生灵而言，也就只有一个唯一的尽善尽美之境。

7 · 10

一切物质很快就会消失在宇宙的实体之中，一切因果很快要回到宇宙的理性之中，一切记忆也很快就要湮灭在永恒之中。

7 · 11

对于有理性的生灵而言，合乎本性即是合乎理性。

7 · 12

自己站直，不要让别人扶持。

7 · 13

正如同我们的四肢与躯体是各自独立又相互统一的，有理性的人也是如此，虽然是单个的人，却是为了共同协作而生。如果你常常告诉自己："在理性动物的共同的躯体上，我是它的手足(melos)。"那么以上这个道理更加能令你心有戚戚。如果换了一个字母，你说自己是其中一部分（meros），就说明你还没有学会发自内心地去爱人类，你是为了行善而行善，你行善只是为了尽到义务，而不是出于利人即是利己的信念。

7・14

若是有什么事情要降临到我头上，降临到那些感觉得到它的部分，那就来吧。如果这些部分出于自己的意愿，发出抱怨，那也是它们的事。但对我自身而言，只要我不认为降临到我头上的事情是恶的，我便不会受到伤害，而是否这样认为完全取决于我。

7・15

不管别人说什么做什么，我自己一定要做个好人。正像一块翡翠——或是黄金、紫袍——总是应该记着："无论别人说什么做什么，我都是一块翡翠，我要保持我天生的光彩。"[①]

7・16

我们的内心不会自己搅扰自己，我是说，不会自己产生恐惧或欲望。但如果别人要让它感到恐惧、陷入欲望，就让他这样做吧，因为我们的内心不会因此就真的有这种感觉。让身体去经受吧，如果它有能力，或者可以免于伤害。让我们的灵魂，这能感知痛苦烦忧的灵魂对身体所经受的做出判断。但对这些痛苦做出判断的灵魂不会受到损害，因为它不会这样认为。我们的灵魂一无所求，除非它自己创造需要，同样的，没有什么能够搅扰它、妨碍它，除非它自己搅扰自己、妨碍自己。

---

① 参见4・20。

7 · 17

幸福 (Eudaemonia) 是神赐予我们的一种好运气 (daemon)，也可以说是一种良好的支配能力。哦，幻想，你来这里干什么？我以神灵的名誉要求你，走开！因为我不需要你。可是你又像往常一样来烦我了。我不生你的气，只是要求你，走开！

7 · 18

有人害怕变化吗？唉，要是没有变化，事物怎么能产生呢？除了变化，又有什么是与宇宙的本性联系更紧密、更重要的呢？木柴经历不变化，你能洗热水澡吗？食物经历不变化，你能吸收营养吗？其他任何有用的东西不变化怎么实现它们的价值呢？难道你还不明白吗？你自身的变化也一样，是宇宙的本性所必需的。

7 · 19

所有躯体在宇宙的实体世界里活过一回，就如同穿过一条寒冬的激流；所有人都要按照本性与整个宇宙合作，就如同我们的四肢相互协作。多少个克里西普[①]，多少个苏格拉底，多少个埃比克太德，不都被时间吞噬了吗！就这样来看待所有人、所有事吧。

7 · 20

我只担心一件事情，就是唯恐自己做出那种身为人不应当做的事情，或者是做事的方式不对，或者是时机不对。

7 · 21

你很快就会忘记一切，一切也很快就会忘记你。

---

① 早期斯多葛学派的代表。

7・22

连那些犯错的人也同样要去爱，这才是人的可贵之处。只要想想他们也是你的同胞，他们不是故意犯错的，而是出于无知，你马上就会生出对他们的怜爱之情。你和他们很快都将要死去，更重要的是，这些犯错的人没有伤害到你，因为你支配自己的能力并没有因他们而有所减损。[①]

7・23

宇宙的实体之于宇宙的本性就仿佛是蜡，先是捏出一匹小马，接着又揉成一团，捏成一棵小树，然后捏一个人，不断造出别的东西，每一样都只能存在短短一瞬。就像一个木箱，无论拆开或是组装起来，对它都谈不上任何忧惧。

7・24

脸上的怒容是完全不合自然的，如果它经常出现，那么脸上的安详喜悦便会逐渐消退，到最后一点也不剩了，而且再也不能恢复……所以可以得出结论，面带愠色也有违理性，因为如果犯了错还浑然不觉，活下去又有什么价值呢？

7・25

你眼前所见的一切，很快就会被统治这个宇宙的自然改变，现存的事物将产生新的事物，新的事物随即又被更新的事物取代，循环更替，因此宇宙永远能保持青春活力。

---

① 参见7・63，10・30。

7・26

如果有人对你做错了事，马上问问你自己："他对于善和恶的观念是怎样的，竟做出这样的事情来？"当你弄清他对于善和恶是怎么看的，你便会原谅他了，没有任何惊讶或是恼怒。因为当你发现他的善恶观念与你相同，或者差不多，你自然有责任宽恕他。或者你早已认清了这些事情本身无所谓善与恶，那么你更加乐于善待这些还没有明白道理的人。

7・27

你所没有的东西，不要想入非非，梦想着已经得到了，要从你已经拥有的东西里面挑出那最好的，想想看，这些东西倘若你现在不是已经拥有了，你该多么渴望得到啊。同时，你也要注意不要让自己养成沾沾自喜的毛病，如果你因为拥有它们而感到过于高兴，将来失去的时候也就会更加痛苦。

7・28

退隐于自身吧。人具有理性的特征之一，便是行事公正，并满足于因此得来的安宁。

7・29

抛开幻想，不要像个木偶似的被你的情感操控。只关注当前的事情。把所见的一切都划分为质料和因果两个方面，好好地加以分析。想想你离世的那一刻会如何。别人犯下的错误，不必理会。

7・30

认真倾听别人的谈话。细心观察正在发生的事情，琢磨它的前因后果。

7·31

要激励自己做一个朴实、谦虚的人，那些与美德和恶行无关的，不必去追究。要爱人类，敬神明。德谟克利特说，“万物有则，惟有元素真正存在。”记住万物有则就够了（虽然不见得完全如此）；事实上只有很少事物不这样。

7·32

关于死亡：如果我们只是原子的聚合，那么死便是原子的消散；如果我们是一个统一的有机体，那么死便是湮灭，或者是去往另一个世界。

7·33

关于痛苦：如果痛苦是不可忍受的，那会夺去我们的生命；如果痛苦长期延续，我们反倒能够挺过来。借助退隐自身的方式，心灵便能够保持宁静，我们支配自己的能力也不会受到损害。至于被痛苦损害了的身体，如果它们有能力，那就表示痛苦吧。[①]

7·34

关于名声：注意那些追求名声的人的内心，观察他们是什么人，什么是这些人避之不及的，什么是他们趋之若鹜的。想想看，就像那沙堆总是被吹散，又掩埋了先前的沙粒，人生也是如此，先前的种种总是被后来的迅速掩埋。

7·35

“你认为一个思想超拔的人，一个已经对宇宙的时间和一切

---

① 参见7·64。

实体有了认识的人，还会把人的生命看做是什么大不了的事情吗？”“当然不可能”，他回答道。“那么这样的人还会为死而忧惧吗？”“绝对不会。”①

7·36

“行善而受谤，乃是帝王的本分。”②

7·37

面容要听从心灵的支配，表现喜怒哀乐，如果心灵自己却不能支配自己，那便是可耻的事情了。

7·38

“不要为外在的事物恼怒，因为它们并不在意你的反应。”③

7·39

“将欢乐赐予那不朽的神明和我们自己吧。”

7·40

“生命像割刈成熟的麦穗，这一批长出来，那一批倒下了。”④

7·41

“如果神明不再眷顾我和我的儿子，也自然有他的道理。”⑤

---

① 语出柏拉图。

② 语出犬儒哲学家安提斯泰尼。

③ 语出欧里庇得斯《柏勒洛丰》。

④ 语出欧里庇得斯《许普西皮勒》。

⑤ 语出欧里庇得斯《安提厄普》。参见11·6。

7・42

“因为善与我同在，正义与我同在。”①

7・43

“不要跟着别人恸哭，不可纵情无度。”

7・44

“但对于这种人我将这样答复他：‘你错了！我的朋友，若是你认为一个有价值的人只会盘算生与死，而不顾念他的每一个行为正当与否，他做的事是善良还是邪恶。’”②

7・45

“雅典人啊，确实是这样：一个人无论身处何处，无论他是否认为这是将军指派给他的最佳岗位，我相信，即使面临险境，他也应当坚守在那里，不应当畏惧死亡或者别的一切。”③

7・46

“但想想吧，先生，那高贵良善的事情是不是不仅限于挽救别人的生命和被人挽救？或许对真正的人而言，不应该只关心自己能活多久、如何活得更长久些，而是听凭神明的安排，相信女人说的那句老话：‘不与命争’。他所关心的是：在有生之年怎样好好把握这些时间。”④

---

① 原英译本标注此处出自欧里庇得斯《安提厄普》；梁实秋译本标注此处出自阿里斯托芬的《阿卡奈人》。

② 语出柏拉图《申辩篇》。

③ 语出柏拉图《申辩篇》。

④ 语出柏拉图《高尔吉亚篇》。

7·47

看那星辰如何运转，仿佛你也在与它们同行，也要时时记着元素是如何不断地转化的，因为这种认识能澄净我们在尘世中沾染的污垢。

7·48

应当这样来审视人类的图景，仿佛从高处俯瞰尘世间的林林总总：人群、军队、耕种、婚嫁、离弃、出生、死亡、法庭的喧嚣、荒凉之地、各色蛮族、饮宴、恸哭、集市等等，这一切纷繁交错却又不失秩序地混杂在一起。

7·49

想想过去，有多少次朝代的兴亡更替。而将来的事情也不难想见。因为将来和现在必定大同小异，不可能完全脱离目前的模式。无论四十年还是一万年，你所见的人类生活并无分别，难道还能希望多看到点别的吗？

7·50

"那从土里长出来的要回到土里去，

那从神圣的种子里生出来的，

也要回到天国去。"[①]

这就是说，将原子聚在一处的力量松开了，没有知觉的元素四处离散了。

① 语出欧里庇得斯《克律西波斯》。

7・51

“带着酒肉以及魔咒巫术
涉过那死亡溪谷，投奔生路。”
“神明降下的暴雨，
人必须忍受，无怨无尤。”[①]

7・52

“那人更善于角力。”的确如此，但不见得他就更乐于为公共的利益服务，更谦逊，更善于待人接物，更能原谅邻人的疏忽。

7・53

理性乃是人与神明共有的，只要我们遵循着理性行事，便无需畏惧。因为只要我们是向着正确的方向前进，我们所做的合乎本分，我们必定能得到自身的福利，也必定不会受到伤害。

7・54

无论何时何地，这都是你能够做到的：要满足于命运现在分配给你的一切，要公正地对待你现在的邻人，要谨慎地保持你现在的想法，以免那些你还没有完全把握的念头混进你的思想。

7・55

不要顾念别人内心的想法，只管遵循本性引导你的去做就行了，这里所说的本性，既是宇宙的本性（体现在你所遭遇的那些事情上），也是你自己的本性（体现在你必须要做的那些合乎你自身的事情上）。每一样事物都应当按照其本性行事；其他的一

① 语出欧里庇得斯《乞援人》。

切生物都是为了理性生灵而创造的——正如同低级的事物总是为了高级的而存在一样——理性动物又是为了互利互惠而存在的。因此人的本性的首要原则就是要为他人谋利，第二个原则首先是要摈弃身体感官的欲望。因为具有理性和智性的行为自有它的特点：即克制自己，不受感官欲望和冲动的引诱。因为感官欲望和冲动是无异于牲畜的，而理智行为却是一种高级的行为，不能被低级的行为所支配。其次还要保持健全的理性，因为它是本性赋予我们以实现其目标的。有理性的人应该遵循的第三个原则是：不要轻率地做出判断，不要听信谗言。让你的理性循着这条道路前进吧，好好地把握这三个原则，你必将能够成功。

7·56

假设你已经死了，此刻你的生命已经结束，此后的岁月是神额外恩赐给你的，那么好好地过下去吧，让生活合乎你的本性。

7·57

热爱你所遭遇的一切，神用命运之线为你织造的一切。还有什么比这更适合你呢?

7·58

如果你遭遇不幸，想想那些和你有同样遭遇的人吧，他们是多么烦恼，多么惶惑，多么忿恨啊！现在这些人到哪里去了呢?无处可寻。难道你愿意和他们一样吗?为什么不把这些不合本性的情感留给那些改变别人或者被别人改变的人，考虑如何把你遭遇的这些转变为对自身有益的教训呢?如果你好好利用它们的话，它们就会变成你的经验。只要注意，无论你做什么都要出于良好的动机。另外也要记住，无论你是出于多么良好的动机，你所借鉴的经验本身无所谓善恶。

7·59

要观照内心。善的源泉就在内心，如果你肯挖掘，它便会汩汩地喷涌而出。

7·60

要使身体强健，无论活动还是休息，都不要让它显得衰弱无力。因为内心通过面容来体现它的理智与庄重，体态自然也应该如此。但必须要做得不带一点矫揉造作。

7·61

生活的艺术与其说像是跳舞，不如说更像角力，因为人生不可预见，必须牢牢地站稳脚跟，准备应付四面八方的攻击。

7·62

对于那些你希望得到他们嘉许的人，要留心观察，看看他们为人处世的原则是什么样的。一旦你弄清他们为什么会有这样的想法和冲动，如果他们无心犯了错，你就不会怪罪他们，但也不会想要得到他们的赞美了。

7·63

“没有任何人的灵魂”，他说，“是故意要违背真理的”，[①]也没有人会故意抛弃正义、克制、仁爱等美德。你有必要牢牢记住这一点，因为这会让你待人更加和善。

---

① 柏拉图《理想国》，亦见于埃比克太德的《对话录》。

7 · 64

每当你感到痛苦时，要这样想：这痛苦并不可耻，它不会有损于我们的心灵；痛苦也不会减损我们的理性或者对公共利益的关注。在大多数感到痛苦的时候，伊壁鸠鲁的话都是对你有帮助的："痛苦并非不可忍受，也不会永远持续，只要你记住它自有它的限度，不要在想象中将其扩大。"同时你也要记住，在日常生活中有很多令我们不舒服的事情实际上也属于痛苦的范畴，虽然我们没有将这看做痛苦，例如瞌睡、燥热不安和胃口不好等等。如果这些事情让你感到烦躁，你就要告诉自己，"我快要被痛苦打败了"。

7 · 65

注意,有些人憎恶人类,但不要像他们对待人类一样对待他们。

7 · 66

我们怎么知道泰拉格斯的品格不如苏格拉底呢？苏格拉底固然死得更为高贵，在与诡辩家辩驳时显示了更杰出的辩才；他能在寒冷的天气中站上一夜[①]，更具忍耐力；受命去逮捕那个萨拉米人[②]时，他能够高贵地加以拒绝，而且他平时走在大街上也是昂首挺胸[③]（虽然这一事实有待确证），但以上这些还是不够的。我们还应当追问的是：苏格拉底的灵魂是怎样一个灵魂？他是否待人公正、对神虔敬，并为此感到满足？对于别人的恶性，他能否做到从不毫无意义地为之忿忿不平，同时又不成为那些无知者

① 柏拉图《会饮篇》。

② 即萨拉米的列昂。苏格拉底曾受命去逮捕此人，但他认为此人无辜，拒不从命。见柏拉图《申辩篇》。

③ 阿里斯托芬在《云》一剧中曾如此讽刺苏格拉底。

的奴仆？他是否能安然领受命运的安排，从不表示难以忍受？他是否能坚持不让心灵受到肉体欲望的引诱？

7·67

自然不可能将你的灵魂与身体混而为一，以至你难以约束自己，使自己的一切服从支配。始终要记住这一点，这是最重要的：享受幸福所需要的条件实在是极少的；假如你在逻辑推理和自然哲学方面建树无望，也不能因此就不去做一个自由、谦虚、善待别人、虔信神明的人，因为即便没有人肯定你，你仍旧可以成为一个神明赞许的人。

7·68

你可以让自己生活得不受任何羁绊，享受心灵最大的愉悦，即使所有人都在为了他们的享乐而叫嚣着反对你，即便野兽将你团团围住，要把你的身体撕扯成碎片。因为这些都不能令你失去心灵的宁静，不能阻止你对周围的事物做出正确的判断，也不能使它丧失利用它所能支配的事物的能力，对于这一切，你的判断力可以说："无论别人怎么说，你在本质上不过如此。"心灵能够利用它所能支配的事物，因此它也可以对它所面对的这些事物说："我要的正是你，对我来说，我所面对的一切，无一不是有助于理性和公民美德的质料，总之，都是可以用于那人与神所共有的技艺的。"因为无论发生什么，都与神明或者人类相宜，并不陌生或难以应付，都是司空见惯并且容易处理的。

7·69

若要使品德臻于完善，就要把每一天都当做生命的末日，既不放纵情感，也不麻木不仁，或者显得虚伪。

7 · 70

永生的神明虽然在如此漫长的时间里不断忍受那么多的恶人，他们却不觉得烦恼，甚至还多方关照这些人。而你呢，你能活的时间已经不长了，却不耐烦，难道你也是那些恶人中的一个吗?

7 · 71

克服自己的缺点是可能的，克服别人的缺点是不可能的，但逃避自己的缺点和逃避别人的缺点都同样荒谬。

7 · 72

任何事物，如果以理性或者社会性的标准来看，只要它不符合理性、也不符合社会性，那么就可以认定它不符合创造它的目的。

7 · 73

你做了好事，别人受惠，除此之外，你还像傻子一样奢求什么呢？想因此得到名声，还是想别人来回报你?

7 · 74

只要是有利的事情，人们不会嫌它太多，按照本性行事，本身就是有利的行为。那么就多多地做既利人又利己的事情吧，永远不要懈怠。

7 · 75

宇宙的本性决意要创造一个宇宙，而现在的一切事物，或是作为创造宇宙的必然结果出现的，或是由宇宙的支配能力直接将其置于理性法则之外的（甚至一些重要的事物也包括在内）。记住这一点，那么你无论经受何种逆境都能保持心灵的宁静。

卷　八

8・1

如果你这样来看，就不会沉溺于对虚名的幻想：你无法像哲学家那样度过你的人生，至少你青年时代以后就再无这种可能。这一点很多人都知道，你自己也清楚，你是与成为一个哲学家无缘了。因此你心灰意冷，获得哲学家的名声已非易事，你的身份也是与这抱负相抵触的。如果你真正看清了问题所在，就不必理会别人对你的看法，无论余生长短，按照自然的意愿去度过就应该满足了。那么，想想看，你的意愿是什么呢？不要为别的事物分心，这你是知道的，因为你曾经走了多少弯路，却没有发现一种幸福的生活。机锋暗藏的辩论不是，财富不是，名声不是，感官享乐也不是，这些都不能算做幸福的生活。那么何谓幸福？幸福就在于按照人的本性去行事。那怎样才能做到呢？他的任何动机与行为必定要遵守某些原则。什么原则？有关善恶的原则：如果一样事物不能使人得到公正、节制、勇敢和自由，那么就不能算是善的；如果一样事物不会使人成为与上述品质相反的人，那么就不能说它是恶的。

8・2

无论做什么事，都要问问自己：结果会如何？将来我会后悔吗？我很快就会死去，一切事物也都会消逝。如果我现在像一个有理智的人、社会的一分子那样行事，遵循与神明同样的法则，夫复何求？

8·3

与第欧根尼、赫拉克利特、苏格拉底相比，亚历山大、恺撒和庞培算得了什么呢？因为哲学家能看清事物的因由本质，他们能够决定如何支配自己。而帝王呢，他们得操心多少事务，成为这些事情的奴隶啊！

8·4

即便你火冒三丈，他们也还是那样做，不会有丝毫改变。

8·5

最重要的是保持心灵的宁静，因为一切事物都是顺应宇宙本性的，很快你也将化为乌有，无处可寻，就像哈德里安、奥古斯都那样。其次，要留心观察身边的事情，看清其本质所在，同时还要记住必须做一个好人，按照人的本性去做，若是公正的事情，你便要严格地去做，不得有任何偏离；做事的态度要谦逊温和，不能有一丝虚伪。

8·6

宇宙本性的职责就在于，把事物从这个地方移到那个地方，改变它们，从它们里面造出新的事物来取代它们。一切都是处于变化之中的，但我们没有必要忧惧任何新的事物。一切都并不新奇，对它们的安排也是同样。

8·7

每一事物的本性，如果发挥得顺利，它便会感到满足。如果能做到以下的几点，即：不赞同任何错误的或有疑问的印象，一切行为的动机都出于公共的利益，只在力所能及的范围内表示好恶，满足于宇宙本性对它的安排，我们也可以说理性发挥得顺利。因为人的理性是宇宙本性的一部分，正如同一张叶子的本性是一株植物本性的一部分，但不同之处在于，在植物那里，叶子的本性所归属的那种本性，是一种没有感觉、缺乏理性，而且容易受到挫折的本性；而人的本性归属于自然的本性，它不容易遭受挫折，具有理智，能按照公正的原则行事，人人都自有他的价值所在，都能获得相应的时间、实体、因由、行为和事件。不过，我们并不是要考察这一事物与那一事物是否在所有方面都是相等的，而是要总体来看，弄清这一事物获得的全部是否与那一事物获得的全部大体相当。

8·8

你不识字吗？但你同样可以做到防止傲慢，超脱于欢愉痛苦之上，摈弃对虚名的狂热追逐，而且不为那些愚蠢和忘恩负义的人感到恼怒，甚至还怜惜他们。

8·9

从此以后，不要让任何人再听到你抱怨宫廷生活，甚至也不要自言自语。

8·10

后悔是由于错过了某些有用的事情而引起的自责。而善也是有用的，是真正的好人应该特别看重的东西，但这样的人绝不会后悔错过了感官的快乐。可见感官的快乐既不是善的，也不是有用的。

8·11

一个事物，就它的本来面目而言，它本身是什么？它的实体和质料是什么？形成它的因由又是什么？它在这世界上做些什么？它能存在多久？

8・12

当你不情愿起床的时候，要想想社会职责乃是你的本分，合乎你的本性，而睡眠却连没有理性的动物也会。对于一切生灵而言，顺应本性，乃是更适合他，更令人愉快，也更容易接受的。

8・13

若有可能，便要坚持考察你得到的任何印象，无论是借助自然的知识，情感体验的知识，还是逻辑推理的知识。[①]

8・14

无论遇见什么人，立刻问问你自己：“这个人对于善与恶怎么看？”因为，如果他对于痛苦与欢愉、美名与骂名、生与死以及导致这些事情的原因有他自己特别的观点，那么他的所作所为就不值得奇怪或惊诧了，我会记住，那是因为他不得不这样做。

8・15

记着吧：如果对这世界里发生了它原本就要发生的事情而感到奇怪，那其中的荒谬不亚于对无花果树结出了无花果而大惊小怪。同样，如果医生对于病人发烧、舵手对于起了风浪而感到奇怪，那么他们真的是些糊涂虫了。

---

① 即物理学、伦理学和逻辑学，是斯多葛派哲学涉及的三大领域。而实际上，斯多葛派哲学是高度伦理化的，并不是很重视所谓的逻辑推理，而物理学方面的内容一般也是服从于伦理目的的装饰。

8・16

记住：改变你的意见，听从别人正确的建议，这也是一种自由的行为。因为这是你自己的行为，你的行为乃是出于你自己的动机、判断，说到底，出于你的理性。

8・17

如果你有选择的权力，为什么要做这样的事情呢？但如果你无法选择，那又责怪谁呢？要怪原子还是神明？真要去责怪这些，那你就是个疯子。决不要怨别人。因为如果你有能力，就去改变那人；如果做不到，那至少去改正这件事情本身；如果连这也做不到，那你怨天尤人有什么用呢？做任何事情都要考虑后果。

8・18

那些丧失了生命的东西并没有落到宇宙之外，它们还存在于宇宙之内，不过是经过变化，成为宇宙的元素和你自身的元素——那构成事物的组成部分。这些元素也在变化，但从没有怨言。

8・19

一切事物，比如说一匹马、一棵葡萄树，都是为了某一目的被造出来的。你有什么奇怪的呢？甚至太阳也会说："我生来自有职责。"别的神明也是这样。那么你呢，你是为什么而存在的呢？为了享乐吗？那么看看这种想法是否经得起考验吧。

8・20

一切事物的开始、经过和结果，在自然看来都是一样的，就像孩子向空中抛出一个球。对于球来说，被抛上去有什么好处呢？

而掉下来、落在地上又有什么害处呢？一个气泡膨胀开来有什么好处？碎裂了对它又有什么坏处？还有闪电也是这样的。[①]

8・21

认真审视你的身体，看看它到底是什么，当它变老、衰弱、死亡时是什么样子。生命短暂，无论赞颂别人者还是被别人赞颂者，无论记住别人者还是被别人记住者。一切都只发生在这世界的一个小小角落，人心不一，甚至一个人也难于和自己共处，整个世界不过是宇宙中的微尘一粒。[②]

8・22

注意你所遇到的问题、行为、准则，甚至一句话的含义。你确实应当受这样的罪，因为你情愿明天才做一个好人，而不是今天就做。

8・23

我现在有所作为吗？我要为人类谋利。我要遭遇什么吗？我会欣然接受，把它看做是神明的旨意，相信一切都是宇宙的安排。

8・24

想想洗澡时你看到的那些吧——油污、汗垢、泥尘、肮脏的水，全都令人恶心——生命中的每一阶段，你所见的每一样东西不也是如此吗？

---

① 参见9・17。

② 参见3・10，4・3，6・36。

8・25

鲁西拉[①]葬了维勒斯[②]，自己也死了；塞孔达[③]葬了马克西默斯[④]，自己也死了；埃皮庭卡努斯[⑤]葬了戴奥蒂莫斯[⑥]，然后自己也死了；安东尼[⑦]葬了弗斯汀娜[⑧]，然后自己也死了。事事如此，万事皆空：凯勒[⑨]葬了哈德里安，然后自己也死了。那些人，或者机智过人，或者能预言未来，或者目空一切，如今去了哪里呢？若论才智，没人比得上卡拉克斯[⑩]、德米特瑞斯[⑪]和尤戴尔蒙[⑫]这些人，但他们如今在哪里呢？人生便是朝生暮死，匆匆一日，有些人一咽气就被人遗忘了，有些人成了传说故事里的谈资，还有些人的名字逐渐从这些传说里消失了。记着吧：你的躯体终究要消解，你的呼吸终究要停止，你的灵魂将去往另外一个世界。

8・26

一个人若是做真正的人应做的事情，便能得到快乐。人应做的工作就是：对人友爱，轻视感官享受，做明晰正确的判断，时时记着要遵从宇宙的本性，以及合乎宇宙本性的一切。

① 作者之母。参见1・3。
② 作者之父。参见1・2。
③ 马克西默斯之妻。
④ 作者敬爱的斯多葛派哲学家。参见1・15。
⑤ 似乎是哈德里安的随从。
⑥ 哈德里安的宠奴。
⑦ 古罗马第十五任皇帝，是一代明君。
⑧ 安东尼之妻，她的女儿与母亲同名，是作者之妻。
⑨ 修辞学家，哈德里安的秘书，也是作者的教师之一。
⑩ 生平不详。
⑪ 笃信基督教的罗马人，后殉教而死。
⑫ 生平不详。

8·27

在你和别的事物之间有三种联系：一种是与你的躯体的联系；一种是与神的联系，因为一切都是神明安排好的；一种是与你一起生活的周遭的人的联系。

8·28

痛苦或许对身体是一种恶——如果是这样，就让身体自己表达吧——或许对灵魂是一种恶，但是，灵魂有能力保持自身的安宁平静，不把痛苦做恶。因为每一种判断、动机、欲望和厌恶都发生在内心，没有任何恶能从外面进入我们的内心。

8·29

要常常对自己这样说，以便清除幻觉："不让任何邪恶、欲望或不安进入我的灵魂，这是我能够做到的。而且，既然我能看清事物的真实本质，我便能根据它的价值来使用它。"一定要记住这是自然赋予你的能力。

8·30

无论在元老院里发言，还是对任何人说话，都要庄重得体，不矫揉造作，言辞中不能有丝毫虚假。

8·31

奥古斯都的宫廷——他的妻女、子嗣、祖先、姐妹、阿格瑞帕[①]、亲属、伙伴和朋友、阿瑞乌斯[②]、梅西纳斯[③]、医官和祭司——

---

①奥古斯都的军政大臣，政治学家，地理学家。

②奥古斯都宫廷的哲学家。

③奥古斯都的宫廷顾问。

整个宫廷里的人都死了。再看其他衰落的皇朝，那不是一个人的死，而是整个家族的灭亡，例如庞培家族。试想那句墓碑上的铭文——“一族仅存之子”——他的前人已经纷纷离世，最终只剩下这唯一的独苗：又一个家族彻底灭亡了。

8・32

你必须一点一滴创造你的生活，如果你做的每件事情都能达到目标，那么就应当感到满足。没有人能够阻止你实现目标的行为。“但如果有别的阻力呢？”那也没有人能妨碍你行事公正、克制、审慎。“但要是我其他方面的行为受到阻碍呢？”好，那么你也可以安然接受这样的阻碍，转头去做另一件有可能实现的事情，你立刻又能够按照公正、克制、审慎的原则去行事了。

8・33

接受时没有一丝傲慢，放弃时也绝不留恋。

8・34

如果你见过被切断的手足，或者被砍下的头颅，身首异处的景象，那你就应当清楚，如果一个人由于不满自己遭遇的一切，将自己与人类隔绝开来，或者违背了公共的利益，那么他的所作所为也就无异于自断手足。因为这样做使自己脱离了自然的整体，而你天生就是自然的一部分，现在你却将自己割裂开了。不过，身为人的你仍具有弥补的特权，因为你能够让自己重新融入整体。身体的部分被砍下来就再也无法复原，神明没有给它们这样的能力；但人类却得到了神的特别眷顾，因为人有能力把那已经割断的联系重新接上，而且，只要他愿意回来，那么他又是整体的一部分了。

8・35

宇宙的本性赋予了有理性的生物各种能力，因此我们也获得了这一能力。无论是顺应它的，还是反对它的，宇宙的本性都能转化它，为它安排恰当的位置，同样，理性动物也能将所有障碍转化为他自己的质料，加以利用。

8・36

不要因为想到了人生的整个图景而感到忧虑。不要总是在心里想你过去经历了多少苦恼，将来又要面临多少忧患，要时时问自己 :“目前有什么是我承受不了或者难以忍受的？”你会羞于承认的。还要记住，困扰你的并不是将来也不是过去，而是现在，如果将它单独来看，痛苦就会缩减到只有一点点了。如果连这一点点痛苦也承受不住，那就只能怪你的内心太狭隘了。

8・37

潘瑟[①]或帕加穆斯[②]如今还守在维勒斯墓旁吗？查布瑞亚斯[③]或戴奥蒂莫斯[④]现在还坐在哈德里安的陵侧吗？问得多么荒谬！即便这些人还坐在那儿，死去的人又能感觉到吗？即使死者知道了，他们会感到高兴吗？即使他们感到高兴，这些墓旁的哀悼者又能永远不死吗？这些人也要变成老翁老妇然后死去，这不是必然的命运吗？哀悼者都死了，那些陵墓中的死者又怎么办呢？所有人都不过是裹尸布里的一滩腐臭污血罢了。

---

① 维勒斯的侍妾，性格娴淑。

② 维勒斯的宠奴。

③ 哈德里安的宠奴。

④ 哈德里安的宠奴。

8・38

如果你眼光敏锐，就要用它去看，去做出正确的判断；如果你缺乏敏锐的眼光，就请别人当你的参谋。

8・39

对于有理性的生灵，我看不出有什么品德会与正义相违背；不过我倒是知道享乐的克星是什么——那就是节制。

8・40

不要总是去想你是痛苦的，那么你的自我便会觉得安乐无忧。“所谓的自我是什么？”——是理性。“可我并不是理性啊。”——说的对。理性本身不会令它自己痛苦，但如果你的其他部分出了问题，就让它自己表达吧。

8・41

感官上的障碍对动物的本性而言是不利的，欲望上的障碍对动物本性而言同样是不利的。对于植物来说，也有着类似的种种障碍和不利。相应的，认识上的障碍对于理智的本性来说也是不利的。看看你自己吧。痛苦或感官的享乐会让你难以自拔吗？让你的感官来对此负责吧。在你想实现什么目的时受到了阻碍吗？如果你不管不顾地想拼命实现目的，那么这一障碍对于身为理性动物的你来说自然是不利的；但如果你接受了命定的一切，你就甚至不会感觉到阻碍或是受到伤害。因为你理智的行为，任何人都不能阻挠，不管是火或者铁，还是暴君、辱骂，都不可能影响你的内心。只要已经成为一个“完美的圆球”[①]，它就永远是圆的。

---

① 语出恩培多克勒，象征完满和谐的宇宙整体。参见11・12，12・3。

8 · 42

如果使我自己痛苦，那是不对的，因为我从来没有想过要故意让别人痛苦。

8 · 43

人各有乐趣，而我，如果能做到牢牢地把握自己，无论遇到任何人任何事都百折不挠，以仁爱的眼光看待一切事物，并根据它们的价值来接受和加以利用，如果能做到这些，我便会感到快慰了。

8 · 44

只关注现在就够了。那些追求身后美名的人没有考虑到，后世的人和现在的人所承受的完全一样，而且都终有一死。那么这些后人会如何提起你的名字，会怎样谈论你，又和你有什么关系呢？

8 · 45

任凭你将我带到哪里扔下，在任何地方我都能保持心灵的宁静，也就是说，只要它自身和它的行为都忠实于它的本性，我的心灵就会感到满足。难道我的灵魂因此就会陷入困境、自我贬低、感到羞耻、成为欲望的牺牲品、寸步难行，总之，被吓得不成样子吗？什么事情能让你付出如此高昂的代价呢？

8 · 46

不合人的本性的事情，不会发生在人身上，就好像不合牛本性的事情不会发生在牛身上，不合葡萄树本性的不会发生在葡萄树上，不合石头本性的事情不会发生在石头身上。如果发生的一切事情都合乎宇宙和自然，你为什么要抱怨呢？因为宇宙的本性安排在你身上发生的事情，没有一件你不能承受。

8·47

如果有什么外在的事物让你感到困扰，搅乱你心思的不是这事物本身，而是你对它的判断，但现在你随时可以抛弃这一判断。如果是你自己性格上的某一因素让你感到困扰，又有谁会阻止你纠正它呢？或者你是因为没有完成某件应该去做的事情而感到困扰，为什么不坚持去做，何须在这里痛苦呢？——“但我遇到了很大的障碍哪。”——那么你也就没有必要难过了，因为没有完成这件事不是你的责任——“可是如果不能完成这件事，活着也是无价值的。”——那么就痛痛快快地放弃生命吧，就像那些事事如意的人一样，同时，也发自内心地接受阻碍你的一切。

8·48

记住：如果你的心灵内敛自足，按它的意愿行事，对于不合理性的事情就不去做，那么你的理性便强大无畏。如果它凭借理性和审慎的思考做出判断，它将得到最大的满足。所以，摆脱了激情的心灵就是一座坚强堡垒，再没有比这更安全的栖身之所了。一个人如果不知道这点，他还只是无知，如果知道了却不进去安身，那就是不幸了。

8·49

除了初步的印象告诉你的，不要对自己多说什么。你是不是曾经听说有人在说你的坏话呢？这是别人告诉你的。但关键是，并没有说你受到了伤害，你也没有受到损害。我看到孩子生病了，我只是看到了他在生病，并没有看到他性命不保。因此，保持初步的印象就够了，不要从内心再添加什么，也就没有什么会让你感到不幸了。而且，还需要强调的是，这世上发生的一切，没有什么是你不熟悉的。

8・50

这根黄瓜是苦的？扔掉它。道路上有荆棘？避开它。这就够了，无需再问 :“为什么世界上会有这种东西？”否则那些了解自然之道的人就要嘲笑你了，就像你在木匠和鞋匠干活儿的铺子里发现了木屑和碎皮料，如果你因此指责他们，他们当然要嘲笑你。木匠和鞋匠有地方丢弃那些木屑和碎料，而宇宙本身以外却没有别的空间，但宇宙技艺最奇妙的地方就在于她的空间虽然有限，但其中老化无用的东西却都能被更新转化成同样的东西，取而代之，所以她不需要宇宙之外的任何实体，也不需要丢弃废物的地方。所以，宇宙满足于她自己的空间、她自己的质料以及她自己的技艺。

8・51

行动不可迟缓，言谈不可无序，思想不可散漫……总之，要确保你的灵魂既不过分关注自身，也不任意放纵激情，同时还要注意不要过分忙碌，以至于没有自省的时间。“他们杀死你，把你切为碎片，诅咒你。”即便如此，又怎么能阻止你的心灵保持纯净、平和、克制和公正呢？好比有人站在一泓清澈的泉水边诅咒它，这泉眼也绝不会停止冒出甘甜可口的泉水。如果这人竟然把泥土或污物扔进去，泉流也将迅速地冲散它们，洗涤它们，而不会受到污染。那么，你的内心是一泓汩汩流淌的泉水，还是一井毫无波澜的死水？要每时每刻引导自己向那自由境界流去，永远保持慈爱、朴素和敬畏。

8・52

不知道宇宙为何物的人，也不会知道他自己身处何处。不知道宇宙为何存在的人，也不会知道他自己是谁，宇宙为何物。对这些事一无所知的人，当然不可能清楚自己为什么存在。那么，对于那些想要避免或追求别人的赞美，却弄不清自己是谁或者身处何处的人，你是怎么看的呢?

8・53

如果有人一小时之内咒骂自己三次，你还会希望得到他的称赞吗?如果有人对他自己也不满意，你还希望他会对你满意吗?如果有人对自己所做的每一件事都感到懊恼，这样的人会欣赏他自己吗?

8・54

你借助呼吸能与周围的空气息息相通，但是这还不够，还要借助你的思想与那主宰万物的理性和谐一致。因为正如人人可以随意呼吸的空气一样，对于能够使用它的人来说，理性也是无所不在的。

8・55

一般而言，恶无损于宇宙，个体的恶也无损于其他人，只会伤害作恶的那人，而这样的人只要他自己愿意，也是完全能够摆脱恶的。

8・56

对于我的自由意志，邻人无法干涉，就像他的呼吸和肉体与我无关一样。虽然我们生来要互利互惠，每个人却要自己支配自己，否则邻人的恶也将变成我的恶。这并非神的旨意，因此我的不幸乃是出于我自己的原因。

8・57

在我们看来，阳光是向下照射过来，实际上，它是向各个方向扩散，但并非将自己消耗殆尽。太阳的照射是一种光的扩展，太阳光在希腊文中称为aktines，意思是扩展，它们是从太阳扩展（ekteinesthai）衍生出来的。你肯定见过一束阳光通过狭口射入黑暗的房间是什么样子，光线的扩展就是那样。它笔直地照进去，遇到任何挡住它去路和切断空气的固体时，便停在那里，稳稳地停在那里，不会滑落也不会移开。我们的理解力也应当如此，它也是一种扩展，而不会自己消耗殆尽。它不会以强力冲撞遇到的任何障碍，同时也不退缩，而是稳稳地射过去，照亮那接受它的东西。而那些不肯接受光照的东西，也就得不到光明了。

8・58

人之所以畏惧死亡，无非是害怕丧失感觉，或者产生其他的感觉。但如果你丧失了感觉，你便感受不到任何恶了；如果你仍有感觉，只是稍有差别而已，你的生命也就没有停止。

8・59

人的存在即是为了互利互惠，要教导他们，甚至容忍他们。

8・60

箭朝这个方向射出，心灵向另一个方向运行。但当心灵全神贯注于手边的事情时，也和箭一样，笔直地射过去，命中目标。

8 • 61

认真揣摩别人是如何支配自己的，也让别人有机会来考察你。

卷　九

9·1

凡行事不公正，便是对神不敬。因为宇宙本性创造有理性的生灵，乃是要让他们彼此互利互助，而不是彼此伤害，若是违反了这一意志，显然便是对最高神明的不敬。此外，凡说谎者，也是对神不敬,因为这神也唤作“真理”,乃是一切真理的源头。因此，那故意说谎的人也就犯下了不敬之罪，因为他的欺骗乃是罪过；那无意中说谎的人也是对神不敬，因为他的行为有违宇宙的本性，扰乱了宇宙自然的秩序。那些行为与真理背道而驰的人，便会陷入这种对立冲突之中，因为虽然自然赋予了他分辨真伪的能力，但由于他自己的疏乎，失掉了这种能力。

另外，那些把享乐当做善来追求、把痛苦当做恶来避免的人同样是对神不敬。因为这些人必然经常指责宇宙的本性对善人和恶人处置不公，为何恶人能够享受快乐，所拥有的都让他们心满意足，而善人却只落得痛苦不堪，诸事不顺。

而且，畏惧痛苦的人也必将会害怕宇宙中要发生的某些事情，这已经是不敬了；贪图享乐的人很难做到行事公正，这也是一种不敬。宇宙的本性是不偏不倚的，它创造的任何一对事物都是平等的，否则它不会两样都造出来。而对于那些相信宇宙的本性乃是不偏不倚的人而言，他们有时也要注意必须顺应宇宙的本性，以一种不偏不倚的态度来看待宇宙本着一视同仁的态度创造出来的事物。那么，若是有人不能以平等的态度看待快乐与痛苦、生与死、荣耀与耻辱这些宇宙毫无偏袒地造出来的事物，他也便是对神不敬了。

当我说宇宙的本性不偏不倚地运用这些事物，我的意思是，将要出现和已经存在的一切事物都是毫无差别的，其中都存在一系列的因由和结果，其缘起都是宇宙最初的神意主宰，它按照本应如此的规则赋予了万物必要的实体,以及各种转变交替的能力。

9·2

一个人在离开人世时从未沾染上虚伪、奸诈、奢侈、骄傲的恶习，足以说明他是一个好人，而且是个有智慧的人；但如果要求低一点，一个人若已经染上了这些毛病，那么立即结束生命也不失为一种选择。难道你更愿意与恶行为伴吗？难道你犯错的经验还不足以说服你，让你避开这场瘟疫？灵魂的堕落比任何有毒的空气都要可怕，因为瘟疫对动物而言能伤害身体，夺取性命，而这种瘟疫则腐蚀人的内心和灵魂。

9·3

不要蔑视死亡，要欣然接受，因为这也是自然安排好的事情。就像从年轻到逐渐衰老，慢慢成长直至成熟，从长出牙齿、胡须到白发苍苍，从受孕、怀胎到呱呱坠地，这些都是你生命每一阶段自然发生的事情，生命的中止和消亡也不例外。那么，作为一个服从理性的人，就不应该漫不经心地对待死亡，也不该极力排斥死亡或把它当做耻辱，要把死亡看做是自然的活动，等待着它的来临。你的灵魂从躯壳里脱离出来，要等着这一刻的来临，就像你现在等待着婴儿从妻子的子宫里分娩出来。除此之外，或许你还需要一种更能打动内心的安慰，再没有什么比下面的办法更能让你感觉到死亡的喜悦了：看看你将要离开的那些东西，想想你的灵魂将要辞别的那些人的品德，你便不会再感到彷徨了。厌

恶他们固然不对，应该关心他们、友善地忍受他们，但如果想想你离开的并不是与你志同道合的人，死亡便不再那么难以接受。因为如果还有什么使你留恋不舍，那就唯有与志同道合的人共同生活这一样了。但你也看到了：你与现在的那些人完全合不来，和他们生活在一起是多么令人厌倦啊。你会恨不得说："快来吧，死亡！这样的日子再多活一天，我也要忘了自己是谁了！"

9·4

害人即是害己，对人不义，即是对己不义，因为他也让自己变坏了。

9·5

不仅仅是已经做了的事情有可能不公正，那没有做成的事情也可能是不公正的。

9·6

如果你现在的判断合乎事实，你现在的行为合乎公共的利益，你现在对一切来自于外界的事情都能感到满足——这就够了。

9·7

驱散想象，克制冲动，消除欲望，确保自己能控制自己。

9·8

没有理性的动物共有一种动物的灵魂，理性的生灵共有一种智慧的灵魂；正如所有事物都是在同一块大地上长出来的，当我们还看得见东西、活在这世上时，我们看到的光明是同一种光明，我们呼吸的空气是同一种空气。

9·9

凡由同一种元素组成的东西，都具有一种同类相吸的倾向。所以土里长出来的要回到土里去，液体的东西都容易流到一起，气体的东西也是如此，甚至要借助外力才能把它们分开。火，也有一种与火元素（包围着宇宙的）共同燃烧的倾向，因此一切较为干燥的东西都是一点就着，因为其中阻止燃烧的东西含量较少。同样，共享同一理性的人也具有一种与同类共同生活的倾向，甚至表现得更为强烈，因为万物之中人最为优越，也最为迫切地希望与同类一起生活。

即便是在缺乏理性的动物身上，如蜂群、羊群、哺雏的鸟儿等等，我们也能发现某种近乎于爱的亲密感情。因为较为高级的生物也有灵魂，它们之中具有一种相互吸引协作的力量，而植物、矿石、木材却没有。在理性动物中，存在政治集团、友谊、家庭和公众集会，还有战争、谈判和休战。而更高一级的事物，例如星辰，即使各自独立，也能以一种相互照应的方式来运行。因而更高阶层的事物甚至在分离状态下也能达成一种和谐的联系。

那么看看现在发生的状况吧！如今反倒是这些有理智的生灵忘记了彼此的关联和共处的热切，丧失了相互协作的特性。不过，尽管他们试图逃脱统一的命运，但始终还是得在一起，因为这是自然的力量。你只要仔细看看，就知道我说的是事实。你若是想找一块不会与任何土元素结合的泥土，也比找一个完全隔绝于人群的人要来得容易些。

9·10

人、神和宇宙，都能生产果实，而且是在适当的季节生产。从字面上看，葡萄藤上结出的那才是果实，但这无关紧要。理性也能结果实——为了整个宇宙，也为了自己——它结出的是类似于理性本身的果实。

9 • 11

可以的话，就指出那些人的错误；如果做不到，那就记住神已经赐给了你仁爱心肠来对他们。神明对这样的人也是仁爱的，甚至帮他们实现愿望，获得财富、健康、名声，待他们如此亲厚。你也能做到。如果你这样做，谁能阻碍你呢？

9 • 12

不要带着满腹牢骚与不情愿劳作，也不要企图得到同情和赞扬，心里想着一件事就够了，即无论工作还是安歇，都要符合社会理性的要求。

9 • 13

与其说今天我摆脱了一切烦恼，毋宁说我逐出了一切烦恼。因为烦恼不是从外界来的，而是发生在内心，是我自己认为那是烦恼。

9 • 14

世上并无新鲜事，在经验上都是类似的，在时间上都是短暂的，在本质上都是污浊的。眼前所见的一切，与埋在尘土中的无数先人所见的并无不同。

9 • 15

客观事物都在我们的心灵之门外站着，就那么站着，它们不知道、也不会告诉我们它们是什么。那依靠什么来判断它们呢？依靠理性。

9・16

具有理性的社会动物之所以是善的，不在于感觉，而在于行动。同样，他的美德与缺点也不能以感觉来判定，要看他的行动。

9・17

对于那被扔向高空的石头来说，坠落下来无所谓恶，就像飞向空中也无所谓善。

9・18

深入到人们的内心，去查看他们的行为准则，你就会发现你惧怕的是什么样的判断，他们是以何种方式来判断自己的。

9・19

一切事物都在变化中，你自身也在不断变化，某种意义上，是在不断地衰败。整个宇宙也是如此。

9・20

如果别人犯了错，让他自己承担好了。[①]

9・21

活动的中止，欲望或冲动的停歇，也就是说，它们的死亡都不是恶。想想你的生命不同阶段——童年、青年、盛年、老年，其中每一变化也都是一次死亡。这有什么可怕的呢？回想一下你在祖父膝下的生活，你在母亲身边的时光，你在养父座前的日子，你也会发现自己失去了很多，经历过那么多变化死亡。那么再问

---

① 参见7・29，9・38。

问你自己，有什么可怕的吗？同样，你生命的停止、中断和变化也没有什么可怕的。

9・22

你、宇宙和邻人各自是怎样来支配自己的，赶紧去反省一下吧。要确保自己行事公正，要记住你是宇宙的一部分，而对于你的邻人，要想想他究竟是无知还是明智，也要看看你是不是像他一样。

9・23

你本身就是社会的一分子，因此也要让你的每一行为都成为社会生活的一部分。而你的行为，无论直接的还是间接的，若是背离了社会的共同目标，就会使你自己变得孤立，格格不入，不再是整体的一部分，正像城邦中的一个局外人，不再与众人协调一致。

9・24

就像儿童的吵吵嚷嚷，就像“拖着躯壳的小小灵魂”，这样的比喻，使我们能更生动地看到人通向死亡的旅程。

9・25

对于任何事物，都要探究它的因由，与它的物质分开来看，然后看看它在自身的特性下最多能存在多长时间。

9・26

你曾经有过无数苦恼，那是因为你总是不愿意遵从本性行事。原因还不够清楚吗？

9 · 27

如果有人责骂你、恨你，或者有类似的表现，那么就看看他们的灵魂，深入其中，看他们是什么样的人。你会发现，无论这些人怎么看待你，你完全无需在意。但你仍要善待他们，因为从本性上而言，他们是你的朋友。如果他们有什么愿望，神明也会通过托梦或者神谕的方式帮助他们实现。

9 · 28

宇宙的运行始终如一，从上至下，从一个时代到另一个时代。世界的产生，可能是宇宙的理性同时创造了各种不同的事物——若是这样，你必须满足它所创造的——也有可能是它首先造了一样，别的事物再随之而来。如果宇宙是神明支配的，那很好。即便宇宙的运行只是出于偶然，你也不应当使自己放任自流。很快所有人都会被埋到土底下，大地也会变化，从变化中产生的一切又不断变化，直至永恒。如果一个人能想到这些永无休止的改变和转化，想到这些变化是何等迅疾，那么这终将衰朽的一切又何足挂齿。

9 · 29

这个世界的因由好比一股激流，一切都将被它的浪头卷走。那些置身政坛却要以哲学家自居的人是多么可笑啊，全是些不知天高地厚的小儿！那么，应该做些什么呢？自然要你做什么，就马上去做。如果可以,就立即行动,不要环顾左右看别人是否在意。不要憧憬柏拉图设想的那种理想城邦，甚至是最小的进步也要满足，因为没有什么事情是小事。谁能改变别人的意见呢？既不可能改变别人的意见，即使令人看上去如奴隶一般俯首帖耳，那也是虚假的。接下来让我们来看看亚历山大、腓力二世和德米特瑞斯[1]。如果他们领悟了宇宙的本性，并敦促自己依此行事，我将追随他们；但如果这些人只是在舞台上自作聪明，那么就没有人能责怪我不去模仿他们。朴素和谦虚是哲学的工作，不要使我成为目空一切的狂徒。

9・30

试着从高处俯瞰那无穷无尽的人群，他们没完没了的仪式，他们在或狂暴或宁静的海面上航行，也看那些形形色色的人是如何出世、生活，然后死去。想想那些过去时代的人。那些在你后世生活的人，那些还处于野蛮状态的人。多少人连你的名字也不知道，即使知道，你死了以后多少人又会把它立刻忘掉，还有那些现在奉承你、很快又会在背后诋毁你的人。想想这些，后世的传颂、今人的赞美，都是不值一提的。

9・31

无论外界发生什么，都要处之泰然，服从内心的原则，行事公正。也就是说，一切的想法和行为都要尽到社会的义务，因为你的本性要求如此。

9・32

你完全能够摆脱掉那些仅仅存在于幻想之中的、不必要的烦恼。这样的话，你便会发现海阔天空，能在内心观照整个宇宙，思考时间的永恒，体察万事万物的瞬息万变，感受生命的短暂，你会发觉你出生之前时间是如此浩渺，而你死后依旧杳无涯际。

---

① 参见 8・25 注释。

9・33

你所见的一切都在迅速地消逝，眼见它们消逝的人不久也要离去，最长寿的和早早夭折的，最终去的都是同一个地方。

9・34

这些人是怎么了？何至于为那些毫无价值的事情忙碌？何至于如此贬低自己的爱和敬意？试想你已经看透了这些赤裸裸的灵魂。他们以为他们的不满便能损害别人，他们的赞扬又能带来什么好处，多么自不量力啊！

9・35

损失只不过是变化，宇宙本性本来就欢喜变化，由于顺应这一本性，万物才得以出现。自古以来便是如此，将来也必定如此。那么，你为什么认为所有事物都是在变坏，而且越来越坏，而众多神明却无能为力呢？为什么认为这世界将深陷于无穷无尽的罪恶之中？

9・36

一切事物的本质都是已朽的，水、尘土、骨头、腐败的气味！还有，上好的大理石也不过是石化的土块，金银不过是某种沉积物，我们的衣服呢，那是一团羊毛，那紫袍呢，一滩蚬血染成的罢了。甚至连我们的呼吸也是如此，是空气从这一个体内流到那一个体内罢了。

9・37

这么悲惨地活着，眼见这些无尽的哭诉和蠢行，实在是够了！为什么要烦恼呢？这有什么新鲜的呢？有什么值得奇怪的吗？是由于事物的因由？好好想一想。或者是由于事物的质料？也好好想一想。除了因由和质料，事物还能有什么呢？是时候了！你要请求神明护佑，让自己成为一个更简朴、更有价值的人。若能参透这一切，无论是花一百年还是三年，那都是一样的。

9・38

如果有人犯了错，那是害了他自己，但他所做的也不见得就是错的。

9・39

或者万物都出自一个理性的本源，都是一体，那么你身为其中的一部分，就不该为整体的利益出力而抱怨；或者宇宙中的一切只是由原子组成，乃是原子的随意聚合与离散。那还烦恼什么呢？问问支配你自己的那种能力，说：你死了吗？你腐烂了吗？你变成了伪君子，还是一头野兽呢？你不是正在兽群里厮混，一起食草为生吗？

9・40

神明要么有神力，要么没有。如果神明没有神力，你为什么还向他们祷告呢？如果他们有神力，你为什么不向他们祷告，祈求他们让你不再有任何畏惧，不再奢求什么，不再为任何事苦恼呢？这不是比祈求神明让什么事发生，什么事不发生要强吗？因为如果他们有神力帮助人类，是会帮你实现这些愿望的。但也许你要说："他们已经赋予我能力面对这些事情了。"那么，像自由地运用自己的能力来处理事情，岂不比卑躬屈膝的祈求、为无法面对的事情伤神更好吗？即使是我们有能力面对的事情，谁告诉你说神明就不肯帮助我们呢？试着去为这些事情向神明祈祷吧，你终究会明白的。别人请求："我怎样才能与那个妇人睡觉呢？"而你要这样想："我怎样才能不起与那妇人睡觉的念头呢？"别人请求说："我怎样才能摆脱那人呢？"你应当这样想："我怎样才能不再希望摆脱那人呢？"别人请求说："我怎样才能不失去我的幼子呢？"而你要想："我怎样才能做到不怕失去我的孩子呢？"总之，要这样来祷告，看看结果如何。

9・41

伊壁鸠鲁说："生病的时候，我从来不会提到我身体的痛苦，也不会对来拜访我的人谈这些话题，而是像先前一样接着讨论自然哲学的几大要素，尤其是以下这个关键的问题：在意识到难以摆脱可怜的肉体的情况下，心灵怎样才能不受到干扰，坚持它本来的那种善。我也不允许医生在我面前故作高深，好像在做什么了不起的事情，而我的生命还是和从前一样快乐。"那么，不管你生病还是遇到别的问题，也以他为榜样吧。无论遭遇什么都不应当放弃哲学思考，也不要与那些不懂自然之道的无知的人一起胡说八道，这乃是所有哲学派别的共识之一。一心一意地去做你手里的事情，考虑你应该怎样去完成这项工作。

9・42

如果有无耻的人惹恼了你，就问问自己："难道这世上不可能没有无耻的人存在吗？"当然不可能。那么就不要奢望那不可能的事情。这世上必定要有很多无耻的人，你遇到的不过是其中一个。当你碰到无赖、骗子和其他的恶棍时，也要这样想，因为你马上就会提醒自己，世上没有这种人是不可能的，你将会更加和善地对待别人。而且这样想也是有用的：针对那些错误的行为，自然赋予了我们什么品德呢？对于那些冷酷无情的人，自然给了我们仁爱去包容他们；对于其他的错误与不义，自然也会给我们美德来做解毒剂。一般来说，你是有能力引导那些误入迷途的人返回正路的（每个做错事的人都是因为迷失目标,才走上歧途的）。而且，这对你有什么害处呢？你会发现，那些触犯你的人没有任何一个能使你的心灵变坏，于你而言，真正是恶的和有害的东西，只存在于你的内心。如果一个人由于无知犯了错误，对你会有什么伤害呢？有什么值得奇怪的呢？反省一下你是否也应当受到谴责，因为你没有预料到这种人会犯这样的错误。你有理性，原本可以防止他犯错，你却没有做到，而且还对此感到惊讶。

最重要的是，当你指责别人背信弃义或忘恩负义时，都要这样来反省。因为显然是你犯了错，要么就是相信那种人居然会信守诺言，要么就是你在做好事的时候不是无条件地付出，还期望从对方那里得到回报。当你行善时，还想额外得到什么呢？你遵从本性去做事，对此并不满足，还想寻求回报吗？就像我们身体的各部分要体现它的功能，完成它的本性所要求的职责，人生来就是为他人谋利的，如果他行善或者做别的合乎公共利益的事情，那就是在做他的本性所要求的，也就得到了他所应得的。

卷 十

10・1

我的灵魂啊，是否有一天你就能变得善良、朴素，比你的这个躯壳更加明晰了？那时你不就能具有一种慈爱温柔的性情了？那时，你不就能做到怡然自足，无所欲求了？无论是有生命还是无生命的东西，都不会再拿来以博片刻快乐了？是否有一天，你不会再去追求活得更加长久以便享乐，不会再追求更舒适的住所、更广阔的领土、更怡人的气候、更投契的朋友，而是满足于现在身处的一切，对所有周围的东西感到欣喜，确信自己拥有的一切都是神明的安排，他们认为适合你的，便于你最为相宜，确信为了生命的存在能够完满地运行不止，为了保持这个善的、正义的、美的、囊括一切、生生不息的宇宙自然，他们将会赐予你一切？是否有一天，你能与众人和睦相处、对神明虔诚伺奉，不抱怨他们，也不被他们谴责？

10・2

看看你的本性要求你做的是什么，因为你只受它支配，然后便心甘情愿地去履行它的命令，这样身为一个活着的人，你的本性就不会受到损害。接下来你必须观察你身为一个活人的本性要求你做什么，然后全力完成，那么作为一个有理性的活人，你的本性便不会受到损害。凡有理性的动物，也必然能成为群体的一分子。运用这些规则吧，不要再苦恼了。

10 • 3

一切发生的事情，或是你天生就能忍受的，或是你天生就难以忍受的。若是前一种，不必抱怨，以你天生就具备的能力来忍受它；若是后一种，也不要抱怨，因为它也很快就会随你而去。但要记住：没有什么是你不能忍受的，事情能否忍受取决于你如何看待它，看你是否认为这样做合乎你的利益或出于你的义务。

10 • 4

如果他错了，就和善地指点他，告诉他错在哪里；如果你不能够，那么就责备你自己，甚至连自责也不必。

10 • 5

无论发生什么事情，那都是从时间的原初阶段就为你安排好的，那张用前因后果为你织好的网，无论何时总是将你要亲身经历的种种网罗在其中。

10 • 6

无论宇宙是原子的集合，还是自然的统一整体，要确信以下几点：首先，我受自然支配，是这个整体的一部分；其次，我和那些与我有同样本性的部分有着密切关联。如果确信这些，那么作为整体的一部分，我就不会对整体分配给我的事物感到不满意，因为凡是对整体有利的，对于部分就不会有害。而整体不会包含对它不利的东西，这是事物共通的特性，除此之外，宇宙的本性还具有另一个特性，即任何外物都不能使它产生对它自己有害的东西。如果记住这些，那么作为整体的一部分，我便能欣然接受发生的一切事情。既然我和那些与我有同样本性的部分有着密切关联，我就不会损害公共的利益，而是关心他人，事事以公共利益为重，不做有损于它的事情。如果能做到这些，我的生活就必定会过得幸福，就像那些生活得快乐满足的公民，他们不断地为他人谋福利，高高兴兴地完成城邦指派给他的任务。

10・7

凡是属于整体的各个部分，即宇宙自然拥有的一切事物，都必然要消亡（这里所说的消亡，指的乃是“经历变化”）。假如这对于各个部分来说是必然地属于恶的事，那么整体就不可能进行完美的指挥了，因为它的各个部分都处于变化之中，并且将会以不同的方式消亡。是自然把恶带进了它的各个部分，使它们行恶，而且是必然的行恶呢，还是自然本身并没有意识到自己在做这样的事情？这两种假设都不可信。

如果我们先不去管自然如何，认为一切都是自然发生的，又会怎么样呢？这样的话，一方面认为整体的各个部分在自然地发生变化，另一方面却又把这样的变化看做不符合自然，尤其为事物分解成相应的元素感到奇怪和忧虑，那不是很荒谬吗？一切事物都要分解为组成它的元素，或者要经历变化，躯体化入泥土，灵魂散入大气，由此重新回到宇宙理性之中，在一定的周期内由火烧毁，或是在不断的变化中得以更新。

不要以为你的躯体和灵魂从你出生以后就属于你了。实际上它们的存在，依靠的不过是你昨天或前天吃下的食物，这阵子呼吸的空气。而这些是凭借变化而产生的，并不只是你从娘胎里带来。母亲给你的这具躯体与你经历各种变化的自我有着密切关系，但我认为，这与我们上面所说的并不矛盾。

10・8

假设你已经享有了这些美德：善良、谦逊、真诚、审慎、体谅、超脱，那就保持下去，一旦失去了，也要赶快追回来。而且要记住，“审慎”指的是能洞察一切事物，不草率轻忽；“体谅”是指能欣然领受宇宙自然安排给你的一切；“超脱”是指你内心的豁达，摆脱了肉体的悲欢顺逆、欲望、名声以及对死亡的恐惧。如果你还是像过去那样麻木不仁、过分迷恋生命，和那些竞技场上被野兽撕扯得半死的人又有什么区别？那些人虽然满身伤口、鲜血淋淋，却还是要挣扎着活到下一天，可再被投到场中又如何呢？还不是有同样的利爪和尖牙在等着他。

所以要记住，如果你享有这几样美德，那你就好像抵达了幸福之岛；但如果你发觉自己偏离了航向，不再能够把握住它们，那么就毫不犹豫地退到角落去重新修整，或者干脆放弃生命，没有任何愤懑，而是简单、自由、谦逊地放弃，好好地了结人生中的最后一件事情。如果好好把握这几样美德，心里一定要有神明，这样你就能够安然地离开人生。还要记住神明不需要奉承，他们只希望有理性的人能像他们一样，是一株无花果就做无花果的工作，是一只狗就做狗的工作，是一只蜜蜂就做蜜蜂的工作，你既然是一个人，那就活得像一个人吧。

10・9

滑稽戏、战争、兴奋、昏睡、奴役——日复一日，这些东西会把你内心那些神圣的原则都抹杀掉，这些原则是你在体察自然之后得出的，也是你尚未完全实现的。无论什么事情，你都要这样去看、去做：一方面要认真履行身处的环境使你担负的义务，好好地训练你的思考能力，同时要保持你因为具有良好的理解力而产生的自信，不要过分炫耀，但也不必遮遮掩掩。要等到什么时候，你才能享受那种由朴素和庄严带来的快乐，享受由洞悉一切事物的本性带来的快乐呢，而所谓洞悉一切事物的本性，指的是：它在宇宙中处于什么位置，它能存在多久，它是由什么构成的，它属于谁，谁具有对它予取予夺的力量。

10・10

一只蜘蛛抓住了苍蝇便自鸣得意，一个人抓住一只小兔子便自鸣得意，别的人网住了鱼，捕获了一头野猪或者熊，或者俘虏了萨马提亚人[①]时，也常常自鸣得意。如果你好好想一下他们为什么得意，你会发现这不都是些强盗吗？

10・11

系统地研究观察万事万物如何更替转化，始终潜心于此，认真地训练自己——若论有助于人的心胸豁达，再没有比这更好的方法了。这样的人就不再为肉体所困扰，能够抛开一切，远离人群，无论经历什么，都全心全意地使自己行为正直，顺从宇宙本性的安排。至于别人怎样议论他，对他有什么看法，是否反对他，他毫不在意。如果能做到以下两件事情，那才能使他满足：第一，现在所做的一切都合乎正义；第二，能欣然接受现在宇宙本性安排给他的一切。他追随着神明，在这条正道上勇往直前，此外别无所求。

10・12

既然这件事情是应当去做的，而且你也有能力去做，那还有什么可迟疑的呢？如果你能看清事态发展，那就愉快地去做，不必回头；如果你看不清楚，那就停下来问问别人的意见，看看有什么更高明的办法；如果受到了阻碍，就尽量小心谨慎地继续前行，只须确信你的行为出于正义就行了。因为没有什么比坚守正

① 属斯拉夫民族，现居波兰、俄罗斯一带，当时似乎与罗马人为敌。

义更好的了，只有背离正义的失败，才是真正的失败。

态度从容不迫、行动果断迅速，外表轻松愉快、内心镇定自若，这样的人才是凡事遵循理性的人。

10・13

一醒来就问问自己：如果是别人，而不是你做了公正合理的事情，对你会不会有什么不同？不会有什么不同。难道你忘了吗？那些在眠床上、饭桌前肆意褒贬别人的人是怎样的嘴脸？他们做的是些什么事？他们逃避的是什么？追求的又是什么？这些人和强盗小偷没有什么区别，不过不是用手脚去偷去抢，而是用他们最宝贵的部分，而这一部分，若是他们愿意，本来是可以孕育忠实、谦虚、真诚、守法等美德，可以供奉神明的。

10・14

对能赐予一切也能收回一切的自然，谦虚、有教养的人会说："你愿意赐给我什么就赐给我什么，愿意收回什么就收回什么吧。"他这样说，没有一点儿不服气，只是怀着对自然的恭顺与善意。

10・15

你的生命没有多久了。让自己就像在一座山巅上生活吧，无论住在哪里，你不都是在宇宙这个伟大的城邦里生活吗？要让人们明白，要让他们看看，一个真正的人是如何按照本性生活的。如果他们容忍不了你，那就让他们杀了你！因为那总比像那些人一样生活要好。

10・16

不要再空谈一个好人应当具备什么样的品德了，只管去做一个好人吧!

10·17

要不断地告诉自己，时间乃是一个整体，所有事物的实体也都是一个统一整体，任何事物，于物质的整体而言都像是一粒无花果的种子，于时间的整体而言就像是钻头的一下转动。

10·18

认真观察眼前的一切，想想它已经开始分解和变化了，或者说开始腐朽和消散了，或者说和任何事物的命运一样，在走向死亡的过程中。

10·19

想想那些人在吃饭、睡觉、交媾、排泄时是怎样一副丑态，再想想他们如何摆出高高在上的样子，怒斥指责别人时是何等的盛气凌人、不可一世。而就在不久以前，他们自己也不过是唯命是从的奴仆，任人驱使。过不了多久，这些人肯定又会沦落到当初的那种惨状。

10·20

宇宙的本性赋予每一事物的，都适合这一事物，而且还会挑选恰当的时机赐给它。

10·21

“大地喜爱甘霖，神圣的以太也喜爱将甘霖赐予大地。”无论宇宙所乐于创造的是什么，我都会对宇宙说：“你所喜爱的便是我所喜爱的。”不是还有这样一种说法吗？——“因爱而生。”

10・22

要么就继续活在这世上，并且习惯如此；要么就摆脱这样的生活，而且是出于自己的意愿；要么就结束生命，但先要尽完自己的义务。此外没有别的办法了。那么，就好好地生活吧。

10・23

始终要想清楚，那片乡间和别的地方是一样的，其中的事物无论是放到山顶、海边或你选择的任何地方，都一样。你会发现柏拉图已经做了精辟的总结："居于城墙之内，和在山里的羊圈中挤羊奶并无不同。"[①]

10・24

那支配我的力量是什么？我现在正如何使用它？出于什么目的？它缺少理性吗？它是不是背离了社会的责任？它是不是消融进了那可怜的肉体，被肉体牵着鼻子走了？

10・25

那弃主而逃的是逃跑的奴隶；如果法律是我们的主人，若违反了法律，我们也就成了逃跑的奴隶。同样，那悲叹、愤怒或者心怀畏惧的人也是逃跑的奴隶，因为他们总是希望那统治万物的力量让那些已经发生的、正在发生的或者将要发生的事情不发生。但这统治万物的力量就是法律，将各人应得的分配给各人。如果有人悲叹、愤怒或者畏惧这样的安排，那他也是一个逃跑的奴隶。

---

① 语出柏拉图《泰阿泰德篇》。

10・26

男人在女人的子宫里播下种子，就走了。另一个因由将这种子接过来，点化它，造出了一个婴儿。这是什么样的创造啊！接下来，这婴儿通过喉咙吃下食物，另一种因由又发生了作用，让这孩子会跑、会笑，总之，让他有了生命和力量，这又是怎样的奇迹啊！想一想这些在隐秘之中完成的创造，观察那背后的力量所在，正像我们观察那使事物上下运动的力量一样，不是用眼睛，但同样可以看得清清楚楚。

10・27

要不断地这样想：现存的一切从来就是这样，而且将来也不会有什么差别。无论是你亲身经历的还是从历史上知道的，都让它们在你脑海里如同舞台场景一样一一重演吧：哈德里安的整个宫廷，安东尼的整个宫廷，还有腓力、亚历山大、克罗索斯[①]的整个宫廷。你会发现剧目都是一样的，只是演员不同而已。

10・28

想一想那些对所遭受的一切感到痛苦或不满的人，就像是一头祭祀时被抓去当祭品的小猪崽，不停地挣扎、嘶叫。那些躺在床上，独自默默哀叹命运的枷锁如何禁锢了他的人，也和这头猪差不了多少。要知道，只有有理性的生灵，才会自觉自愿地接受命运的安排。但若只知道盲目地服从，那是任何动物都会的。

10・29

无论做什么，都要停下来问问自己：如果死亡剥夺了你做这

① 利底亚国王，在位时是该王国的全盛时期。

事的机会，那死亡是否就是令人畏惧的？

10 • 30

如果你因为别人犯了错而震怒，那就立刻反省一下，想想你自己是否犯过类似的错误，比如说，觉得金钱是一件好东西，或者追求快乐、名声等等。如果想到这些，你就能很快平息怒火，并且体谅那犯错的人——他也是迫不得已的啊。你会容忍他，或者如果你能够，还可以令他迷途知返。

10 • 31

当你见到萨特瑞翁、尤提克斯或海门[①]时，也要想想苏格拉底学派的其他人，当你见到尤提西昂或者西凡诺斯时，也想想尤弗拉蒂斯[②]，当你见到特洛帕奥弗勒斯时，也要想到阿耳齐弗隆[③]，当你见到塞维勒斯，也要想到克利托[④]或者色诺芬，而当你想到自己时，也想想那些同样有恺撒称号的人，依此类推，见到某些人，便想想与他们相似的另一些人。然后问问自己："这些人如今安在？不知所踪，没有人知道他们去了哪里。"如果经常这样想，你就能把人世的变幻当做过眼云烟。尤其是当你想到一切都在变化之中，一旦沉入那时间的无尽深渊便永不再浮现的时候，更会倍加感慨。那么你还在忧虑什么呢？如果能以恰当的方式度过短暂的一生，那还有什么不满足的呢？你白白地活着，白白放弃了有所行动的时机！而这些，都是考察你是否能正确而熟练地应对人生中经历的一切，锻炼自己的理性的机会啊！

---

① 此段中援引的人名大多为比作者年代较早或相近的哲学家，因年代久远，部分人生平已不可考。

② 与作者同时代的苦修派哲学家。

③ 古希腊修辞学家、诡辩家。

④ 苏格拉底的朋友。

要努力，直到你能够将这些真理融会贯通，将它们完全吸收，就好像那强健有力的胃消化吃下去的食物，就好像那熊熊的大火将所有投进去的东西都化做了光与热。

10・32

要做一个忠诚的人，一个好人，这样别人就没有机会指责你，即使他这样说，那也是在撒谎。你是完全能做到的。谁能阻止你去做一个忠诚善良的人呢？一定要成为这样的人，否则你就只能放弃生命。因为如果你做不到，那么你的理性也绝不允许你活下去。

10・33

对于我们所拥有的这个生命，怎样去说、怎样去做才最为恰当呢？无论什么事情，你的言行都由你支配，不要找借口说自己受了阻碍。你是不会停止抱怨的，除非有一天你终于能够不再惧怕困难，将所谓的阻碍变成为己所用的东西，就像那些声色犬马的人总是在不断寻求新的感官刺激。一个人应该把做合乎本性的事当做一种享受，而且你时时处处都可以得到这种享受。神明没有将支配自己行动的能力赐给一个圆筒，水、火还有别的没有理性的事物也没有这样的能力，因此它们的行动总是会遇到很多阻碍。但人的心灵和理性却能凭借他们的本性和意志克服障碍，达到目的。你可以想象，理性是如何轻松克服这些阻碍它的东西，不需要什么帮助（就好像火焰向上窜，石头向下落，或者圆筒滚下斜坡那样容易）。那些所谓的障碍，只能影响到与灵魂隔绝的躯体，但绝不会对我们的内心或理性造成任何伤害，除非我们的内心产生了这种想法，或者理性对此表示赞同。否则，那些遭到打击的人，立刻就会变成恶人。其他的一切事物，只要或多或少受到了恶的影响，必然也会变坏。然而对于人来说，遇到这样的情形，如果他善于利用这些事情，却能因此而变得更好和更值得赞许。还要记住：无损于城邦的事情，也无损于真正的公民；无损于自然法则的事情，也绝不会损害到城邦。那些被认为是不幸的事件中，并没有任何一样损害了自然法则，同样，它们也绝不会有损于公民或城邦。

10・34

对于那些领悟了真正道理的人来说，即使最简单、最寻常的道理也足以提醒他们不要陷入哀伤和忧惧。例如：

> 凡人的生活，
> 就像树叶的聚落。[①]

你的子女也是树上的叶片；那些赞美你、称颂你的人，也是树上的叶片；或者那些诅咒你、暗地里指责你、嘲笑你的人，同样不过是些树叶；而那些在你死后为你传颂美名的人呢，也无非是树叶罢了。因为所有树枝上"到了春天便会抽出新绿"，然后风把它们吹落，来年树林中又长出新叶来代替它们。一切事物都只能在世上短暂停留，无论你苦苦追求还是极力避免，其中没有一样是永存的。不久之后，你将合上你的眼睛，为你送葬的人不久也会有人将他掩埋。

10・35

一双健全的眼睛应当去看所有可见的事物，不能说"我只想看绿色的东西"，那岂不成了一双病眼？健全的听觉和嗅觉也应

① 语出荷马《伊利亚特》。

当乐意去察觉所有能听到和闻到的东西；健全的胃应当什么都能消化，像磨子接受所有它生来就要磨碎的东西。健全的心灵乐于接受发生的任何事情。如果谁的心灵大喊大叫说：“保佑我的孩子过得快乐安康吧！”或者“无论我做什么，让众人都来赞美我吧！”那就和专挑绿色来看的病眼，专找软东西来咬的坏牙是一样的了。

10·36

没有谁能幸运到如此地步，在他临死时身边没有人对他的死感到庆幸。即便他为人正直，充满智慧，还是难免会有人在心里暗暗嘀咕：“总算摆脱这个老先生了，可以松一口气了。他对谁都不算太严厉，可我总觉得他在默默地谴责我们。”对一个正直的人尚且如此，以我们各人的情况来看，又会有多少理由让别人盼着我们早一点死去。所以，临死时你应该想到这一点，这样就能比较安详地离开：“我就要死了，就要离开这些我最亲近的人了，我为了他们辛劳一生，为他们祈祷，为他们操了多少心啊。但是连他们也希望我离去，希望可能从中得到一点好处。”那何苦还要如此留恋人世呢？不过，你也不应该因此就不善待你身边的人，你从前待他们怎样，现在就要怎样，要和善温柔、亲切大方。同时，也不要让人觉得你是被死神拖走的，要像一个安详辞世的人，让灵魂毫无苦楚地从躯体中脱离出来。是自然让你的灵魂和躯体结合在一起，但现在她把这个系好的结打开了。我离开人世，就像平时和亲友告别，没有任何抵抗、任何不悦。因为这也是自然安排好的事情。

10·37

无论做什么事，要养成观察别人的习惯。尽可能地问问自己：

“他这样做的目的是什么？”但要先从你自己开始，先考察你自己。

10・38

记住，支配我们的力量隐藏在我们内部，它是我们的行为、我们的生活之源，或者也可以说，是我们之所以成为人的原因所在。想到它的时候，不要把那具臭皮囊或者长在它上面的各个器官也包括进去，因为它们充其量不过是一把斧子，只不过是长在身体上罢了。如果没有这力量支配这些工具去工作，它们也就没有什么价值了，就好比织工的梭子、作家的笔和牧人的鞭子。

卷十一

11·1

理性的灵魂具有以下几个特质：它观察自己，剖析自己，按照自己的意愿来塑造自己，收获自己结出的果实（这和植物界和动物界不同，植物与动物的果实或者产品是由别人来享受的），而且无论如何限定生命的界限，它总能够实现自己的目标，因为它不像舞蹈、戏剧之类的东西，一旦被打断，整个活动就不完美了。相反，对于整体中的每一部分，无论在哪里停止，理性灵魂的活动都是彻底的、完满的，因此它可以说："只要是属于我的，我都拥有。"而且，它还能横贯整个宇宙和宇宙周围的虚空，综观全局，伸展到杳无涯际的时间之中，冥想宇宙万物是如何循环更替，领悟到我们的后人不可能再看到什么新的事物，而我们的前人也不可能比我们见得更多。在某种意义上，人到了四十岁，只要他具备中人之资，那已经发生的和将要发生的，可以说他都已经见过了，因为凡事古今无异。理性的灵魂还具有这样的特质：即爱邻人、诚实、谦逊，除了它自身以外不重视任何别的东西（这也是自然法则的特性之一，所以说凡是合乎理性的，也就合乎正义）。

11·2

如果你把一支乐曲分成一个个声音来分析，然后就每一个声音问自己："这足以让我神魂颠倒吗？"这样的话，所谓乐曲的动听、舞蹈的美妙和角力的精彩都不值一提了。如果把舞蹈分解成一个个动作和姿态，你会羞于承认自己为这样的东西着迷。角力也是一样。总之，除了美德和美德带来的一切，无论什么事情都要把它拆分来看，并学会鄙视它们。同样要以这样的方式来看待你的整个生活。

11 · 3

无论最终是毁灭、消散还是继续存在，任何时候都能够准备好脱离躯体，这该是多么了不起的灵魂啊！而这种欣然的准备必须出自一个人自己的判断，而不是像基督徒那样只知道顽强抵抗，同时这样的从容离世乃是经过了深思熟虑的、充满尊严的，如果要让别人信服，那就不要有任何哗众取宠的行为。

11 · 4

我做过什么有益于他人的事情吗？如果做了，我就已经从自己的行为中得到了奖赏。要始终记着这一点，利人利己绝不可懈怠。

11 · 5

你擅长做什么？做一个好人。但如果不能对宇宙本性和人的本性有一些普遍的了解，又怎么成为一个好人呢？

11 · 6

最初上演的悲剧，乃是为了提醒人们注意生活中的事情，告诉他们这样的事情是符合自然的，舞台上让你入迷的那些事情，一旦发生在生活这个更大的舞台上，你也不应当为之苦恼。你应该明白事情本来就是这样，甚至那些令人大叫“啊，天哪”[1]的事情，

① 语出索福克勒斯《俄狄浦斯王》。

也必须忍受。有些悲剧作家的警句很精辟，例如："如果神明不再眷顾我和我的儿子，也自然有他的道理"①，以及"决不要为发生的事而愤怒"②，还有"生命像割刈成熟的麦穗，这一批长出来，那一批倒下了"③等等。

悲剧出现之后，前期喜剧登上舞台。这类喜剧言辞大胆，无所顾忌，但这种坦率在很大程度上却有助于提醒人们不可傲慢不羁。出于类似的目的，第欧根尼也曾经借用这样的方式来写作。

随后出现了中期喜剧，然后是新喜剧，看看它变成了什么样子，到最后逐渐沦落为一种插科打诨的技巧了。不可否认，这一时期的戏剧中也出现了一些颇有教益的言辞，但就整个发展的趋势而言，诗歌与戏剧的目的不知道偏斜到何方去了！

11·7

这是再明白不过的了：你现在所过的生活，便是最有益于你进行哲学实践的生活。

11·8

从邻近枝干上砍下的一根枝条，也就是从整棵树上砍下来的。同样，一个人若是离弃了他的伙伴，那么他也就离弃了整个社会。枝条不会自己把自己从树上砍下来，而人却让自己同邻人分离，当他憎恨别人、离弃别人的时候，他就会这样做。他不知道这样一来，他就自己砍断了同整个社会的联系。不过，那创造了整个宇宙的宙斯格外眷顾人类，让他们还有能力与邻居和解，重新成

① 参见7·41。
② 参见7·38。
③ 参见7·40。

为整体的一部分。但如果这种自我孤立的情形经常发生，那么要再次融入整体，回到先前的状态就会越来越困难。一般来说，那始终长在树干上、与树共享一个生命的枝条，和那砍下之后再接上去的枝条，有很大区别，园丁会这样告诉你。虽然还是同长在一棵树上，但已经不再同心协力了。[①]

11・9

只要你在理性的正道上前进，那些试图阻碍你的人是不能使你偏离正道的，但也不要让这些人的行为消减了你对他们的仁爱。要同时在两方面都注意，不仅要让自己的判断和行为时时公正稳妥，还要始终友善地对待那些试图阻止你或者在其他事情上使你恼怒的人。因为向这些人发火，和你因为害怕他们而放弃了自己的道路一样，也是一种软弱的表现。有两种人都放弃了自己的职责，一种是胆小怕事的懦夫，一种是众叛亲离的勇士。

11・10

"自然不可能低于技艺"，技艺乃是对自然的模仿。如果是这样，自然是最完美、最全面的，不可能比不上工匠的技艺。一切技艺都高低有序，宇宙的本性当然也这样安排。所谓正义，也是如此，种种美德皆由正义产生。如果我们看重那些无足轻重的东西，或者容易受骗，或者行为轻率，或者不能持之以恒，那么也就谈不上维持正义了。

11・11

那些你追求或者避免的事情总是在困扰你，而实际上不是它

① 参见8・34。

们来找你，而是你自己去招惹它们。只有你对它们的判断变得冷静了，它们才会安分下来，你也就不必追求或躲避什么了。

11・12

灵魂乃是一个完美的球形[①]，始终保持着它的形状，既不向外界的事物任意伸展，也不向自身内部收缩，它既不会消散，也不会熄灭，而是折射出恒定的光芒，借这光洞察一切事物之真相，以及它自身的真相。

11・13

有人蔑视我？那是他的事情。我只要注意这点就行了：不做会招人蔑视的事情，不说会招人蔑视的话。有人憎恨我？那是他的事情。我只要做到这些就行了：对每个人都和善、仁爱，尤其是对那些因误会而憎恨我的人，要指出他的错误，但不是通过斥责他，也不必炫耀自己的宽容，要像伟大的福西昂[②]那样正直坦诚（除非他说的话言不由衷）。一个人的内心就应当这样，神灵能够明察他没有任何不满和愤懑。如果你现在所做的事情合乎本性，如果你满意宇宙本性按照一定时机分配给你的事物，如果你最关心的是公共的利益，并且想方设法为它出力，那么，你怎么会受到损害呢？

11・14

人们相互蔑视，同时又相互阿谀奉承，他们总是希望爬得比别人高，同时又匍匐在别人脚下。

---

① 参见8・41注释。

② 雅典人，被视为行为正直的典范。因被诬犯罪而被处死，死前告诫其子：不可因此对雅典人心存嫌隙。

11 · 15

真是可耻啊，那个两面三刀的人竟然大声宣称："我会公正地待你！"何苦装模作样呢？我的朋友。你没有必要这样表白。真相很快就会显露出来。它写在你脸上，从你的声音里立刻就能分辨出来，从你的眼睛里立刻就能觉察出来，就好像是有默契的恋人看了对方一眼，就知道了一切。一个诚实善良的人，就像气味浓重的山羊，别人一接近他，立刻就能明白他的想法。而只会做假骗人的人就像一把寒光凛凛的刀。没有什么比豺狼对羊羔表示亲热更可耻的了，千万不要做出这样的事来。一个善良、坦诚、仁爱的人，他的品德都写在眼里，你一定能够看出来。

11 · 16

始终要过一种最美好的生活。如果一个人能对无关紧要的事物采取漠然的态度，那么他的灵魂中就具备这种力量。如果一个人既能从全局出发，又能从局部出发，全面地审视每一样事物，他就能做到对无关紧要的事淡然处之。同时还要记住，这些事物本身没有哪一样能自己在我们心里产生判断，它们始终处于我们内心之外，是我们自己做出了判断，或者说，是我们自己把这些事物刻在了心里（虽然我们也完全能够不这么做，如果在不知不觉间这样做了，也可以立刻把它们从心里抹掉）。还要记住，这些事物也只会在我们心里存在很短的时间，因为我们的生命总有尽头。这么说来，它们还会带来什么困扰呢？如果它们合乎自然，就去享受，让它们与你和谐相处；但如果这些事物违反自然，那就去寻找合乎你本性的东西，努力追求它，即使它不能为你带来名誉，因为人人都有权追求属于他自己的善，这无可指摘。

11・17

想想每一样事物都是从哪里来的，由什么构成，它会变成什么，变成那样东西之后又是什么样子，这些变化并不会对它有任何损害。

11・18

第一，想一想你和众人的联系，所有人生来就是要彼此扶助，但同时你生来的地位便在众人之上，就像羊群中领头的公羊，牛群中领头的公牛。然后再回到最基本的原则：如果万物都不止是原子的聚合，那自然必定就是支配所有事物的力量，这样的话，低级的事物便是为高级的事物存在的，而高级的事物又彼此依存。

第二，那些人是什么样的人？他们在饭桌、床头和别的地方表现如何？最重要的是，是什么迫使他们形成那样的看法？他们做那样的事情时怀着什么样的骄傲？

第三，如果别人做得对，那你没有理由不高兴；如果他们做得不对，那显然也是由于无知，并非故意如此。没有任何人的灵魂会愿意放弃真理，同样也不会愿意放弃自己应有的那种为人处世的能力。无论如何，被别人说成毫无公道、冷酷无情、贪得无厌，总之，被看做是连邻居也不肯善待的人时，没有人会高兴。

第四，你自己也犯过很多错，和他们差不了多少。即使有些错误的事情你没有去做，也不见得你没有想过，不过是出于怯懦、爱惜名声或者其他不正当的顾虑，最终没有去做罢了。

第五，你还不能断定他们正在做的事情是否就是错误的，因为许多事情中间另有隐情。总之，在对别人的行为做出判断之前，必须尽可能地了解事情的前因后果。

第六，当你难以抑制怒火或者失去耐心时，就想一想，人的生命何其短暂，你和所有人一样都是很快就要死去的。

第七，能令我们困扰的不是别人的行为（因为那是归他们的理性来管的事情），而是我们对这些行为的看法。那么就先消除你的这种判断，不要认定别人这样或那样的行为对你有害，你的怒火也就会平息了。那么怎样才能消除这种看法呢？想想看，没有任何人的行为能令你感到耻辱，因为除非感到耻辱便是唯一的罪恶，否则你也会做出很多错误的事情，变成强盗或别的什么坏蛋了。

第八，由这种行为引起的愤怒和烦恼带给我们的痛苦，比这种行为本身给我们带来的痛苦要严重得多。

第九，和善的脾气是谁也无法抵抗的，只要它发自内心，不是装出来的，不是惺惺作态。只要你始终和和气气地对他，即便是最暴躁无礼的人，又能把你怎么样呢？而且，如果条件允许，你还可以温和地劝导他，在他想伤害你的时候平静地纠正他："我的孩子，不要这样，我们生来可不是为了这样做。我呢，必定不会受到伤害，可你却会伤害你自己。"你循循善诱，对他说明这样简单的道理：蜜蜂、还有那些天生就有合群本性的动物，都不会像他那样做。但你这样劝导他的时候，不能带有讽刺或者斥责的态度，必须亲切和善，心里没有任何怨恨。你不能显得好像是在训斥他，或者故意做给旁观的人看，即使有别人在场，你也要做到好像只有你们两人在面对面谈心一般。

记住这九条规则吧，就当做是缪斯女神[①]赐给你的礼物，趁自己还有一点时间，在有生之年赶紧开始学习做人。你要注意不可对人发火，但也不可故意去讨好别人，因为两者都不符合公共利益，并且会带来伤害。一旦你想要发怒，就这样考虑吧：动不动就发火不是男子汉应当做的事情，宽厚和善才更符合人性，这样的人才像个堂堂正正的男人。拥有这一美德的人也会是一个有

① 缪斯女神共有九位，故称九条规则是缪斯的礼物。

力量、有胆识、勇往直前的人，为那些脾气暴躁、爱发牢骚的人所不及。人的心灵越是能摆脱激情，也就更有力量。哀伤是软弱的特征之一，愤怒也同样是软弱的表现，因为无论是痛苦还是愤怒，都能伤人，都能使人缴械投降。

如果你愿意，缪斯的领袖阿波罗还将赐给你第十个礼物，那就是：如果奢望坏人不做恶事，那无疑是发疯，因为你所希望的，乃是不可能发生的。如果只许坏人去害别人，却期望他们善待你、不伤害你，那也是冷酷而苛刻的。

11・19

始终要提防四种情况的发生，因为这意味着你已经偏离了正道，如果发现自己出现了这样的问题，便要立即消除。这四种情况是：当你发现这样的想法是不必要的；这个念头不利于与众人和谐共处；你打算说的话不是出自本意（因为如果你说的话不是出自本意，那必定有问题）；除了以上三点之外，第四点要注意的是不要自怨自艾，因为这只能说明你内部较神圣的部分已经屈服于那较为低级和容易衰朽的部分，成了肉体和感官享乐的俘虏。

11・20

那存在于你内部的气与火的元素，其本身具有一种向上飘升的特性，但为了服从宇宙整体的安排，被向下挤压，充塞在你的躯体之中，贴近大地。同样，你内部的土元素与水元素，虽然本身具有向下沉淀、涌动的特性，但也还是向上走，保持在一个原本与自身属性相异的位置上。这样，各种元素就服从了宇宙的安排，各司其职，坚守在自己的岗位上，直到宇宙下令它们分解离散。而你的理智部分竟然不听从安排，不满意自己的岗位，这不是很奇怪吗？外界没有什么可以勉强它，它只需按照本性来行事，却还是不肯服从，反倒向相反的方向去了。凡是倾向于不义、放纵、愤怒、悲伤和畏惧的行为，都只能说明它背离了本性。当你抱怨遭遇的一切时，你支配自己的能力也就放弃了它的岗位，因为人生来的职责除了行事公正以外，还要对神明虔敬。对神虔敬，便是要与他人和谐共处，这甚至比行事公正更为要紧。

11・21

如果没有一个始终如一的目标，那么一个人在一生中也不可能永远保持一致，始终如一。但这种说法还不够全面，应当再加上一点：即这个目标是什么。因为对于发生的任何事情，不可能大多数人都完全保持一致的看法，只有那些与公共利益有关的事情，大家才能保持一致，所以，我们应当把公共利益当做我们的目标。只有所有行为都朝向这个目标的人，他一生中的行为才有可能是始终如一、永不改变的。

11・22

想想山里的老鼠和城里的老鼠，后者见了前者是多么惊恐万分啊。[①]

11・23

苏格拉底曾戏称乌合之众的意见是“妖怪”，是用来吓唬小孩的。[②]

11・24

举行公共庆典时，斯巴达人常常让来宾坐凉棚下的座位，自

---

① 可参见《伊索寓言》，亦见于贺拉斯《讽刺诗》。

② 柏拉图《裴多篇》。

己则随便找个地方坐下。

11・25

珀迪卡斯[①]邀请苏格拉底去他的宫里，苏格拉底拒绝的理由是：“我是想避免一种最不体面的死法。”意思是，我不想受了别人的恩惠，却无法回报。

11・26

以弗所人的作品中有这么一条箴言：要经常怀想古代的有德之士，引以为鉴。

11・27

毕达哥拉斯学派的先哲说过，早晨第一件事，便是要抬头仰望天空，这会提醒我们反思天体在遵照同样的自然法则，以同样的方式运行,那是何等有序、何等单纯、何等明澈啊,星辰的光辉不需掩饰。

11・28

想一想：桑西比[②]拿走了他的外套之后，苏格拉底是如何只裹着一条腰带安然端坐的。朋友见他如此穿着，大为吃惊并觉得羞耻时，苏格拉底又是怎么说的。

11・29

读书写作，只有先接受别人的指点，才可能去指点别人。在生活的技艺上就更要如此！

---

① 马其顿国王，曾允诺以部分国土馈赠苏格拉底。

② 苏格拉底之妻，以凶悍出名。

11·30

“你天生便是奴隶，没有说话的权利。”

11·31

“——我的内心在欢笑。”[①]

11·32

“他们将对美德恶言相向，说出的字眼如此刻毒。”[②]

11·33

在冬天寻找无花果的人是个疯子。孩子已经死了，还在不断嚎哭的人和疯子也差不了多少。

11·34

埃比克太德说过，当你亲吻你的孩子时，要默默地对自己说：“明天，可能明天这孩子就要死了。”——但这多么不吉利啊——“完全不对，”他说，“在自然的安排里没有所谓的吉利不吉利的说法，否则你说去收获庄稼把它们割下来，那也是不吉利的了。”

11·35

青葡萄、熟葡萄、干葡萄，每一步都是变化，不是化为乌有，而是变成某种注定成为、但尚未成为的东西。

11·36

埃比克太德说：没有人能夺走我们的自由意志。

---

① 语出荷马《奥德赛》。

② 语出赫西俄德《工作与时日》。

11 · 37

埃比克太德也说，我们“必须有一种表示赞同、支配冲动的技艺，同时行动的时候要认真观察具体的条件，要符合公共的利益，要尊重对象的价值。还要完全摈弃过分的感官欲望，不在我们力所能及的范围之内的事情，无需回避。”

11 · 38

“那么，我们所争论的，”他还说，“就不是无关紧要的问题，从中能看出我们的头脑清醒还是糊涂。”

11 · 39

苏格拉底常说，“你想要什么？是要这灵魂是有理性的呢，还是无理性的？”“要有理性的。”“理性的灵魂也有不同，你是要健全的还是畸形的？”“健全的。”“那你为什么不自己去寻求呢？”“因为我们已经有了。”“既然已经有了，那为何还要争斗和吵闹呢？”

卷十二

12·1

你多方周折希望得到的一切，现在立刻就能得到，只要你自己不拒绝。这便是说，只要你不再留恋过去，同时信赖神明为你的将来所做的安排，而且让现在的行为保持虔敬与公正。所谓虔敬，就是要欣然领受分配给你的一切，因为自然为你安排的，便于你相宜；所谓公正，就是你说的不违背真理，无需掩饰，你做的合乎自然法则，合乎事物本身的价值。不要让别人的恶、别人的意见或者言辞成为你的障碍，也不要让可怜的身体感觉成为你的障碍（因为那受到坏的影响的部分自己会照管它）。如果死亡临近的时候，你能抛开一切，只尊重支配自己的能力和内心的神性。如果你害怕的不是生命早晚会结束，而是担心自己甚至还没有开始过合乎本性的生活，那么，你必将无愧于使你降生的宇宙，在你的故土上不再是一个异乡人，也不会因缺乏远见而对每天发生的事情感到新奇，不必再依赖于外在的任何东西。

12·2

在神明眼中，任何人的内心都可以一眼看穿，不再有质料包裹，也不再为外壳、杂质所依附。因为神明用他的神光与人接触，只探察人类与他共享神性的那一部分。如果你也养成这种习惯，便可免受许多困扰。因为一个人如果对那具盛放灵魂的臭皮囊并不在意，必定不会为了华服、屋舍、名声等表面的、虚幻的东西而苦恼。

12 • 3

你由三样东西组成：躯体、呼吸和内心。这三样东西，前两样你的职责不过是照管它们，只有第三样才真正属于你。因此，如果你将那一切同你自己分离开来——也就是说，从你的内心驱逐出去——即别人所说和所做的一切，你自己所说和所做的一切，将来或许会令你感到困扰的一切，那不是出于你的意愿的、而由包裹着你的身体以及附着于你的呼吸来掌管的一切，还有那在外界环绕着、涌动着的一切，那么，你就能从命运的束缚中解脱出来，按照自身的意愿过一种纯粹的、不受干扰的生活，就能够做到行事公正，圆满自足，传颂真理。我再强调一遍，你能抛开来自于肉体影响的一切，能从过去和将来的一切中解脱出来，用恩培多克勒[①]的话来说，过得“如球体一般圆满无缺，怡然地享受宁静”，好好把握那只属于你的生活，也就是你现在的生活，那么你就能平静、安详地度过你的余生，成为一个与你内在的神明和谐一致的人。

12 • 4

我常常觉得奇怪：每个人都爱自己胜过爱他人，更重视别人对自己的看法，反而不看重自己对自己的看法。如果神明或智者来到某人面前，要求他心中只能存有但凡想到就能说出来的光明正大的念头，恐怕他一天也受不了。由此可见，我们重视邻人对我们的看法，远甚于我们对自己的评价！

12 • 5

怎么会这样呢？那最为眷顾人类的神明安排好了一切事情，

---

① 古希腊哲学家，首先提出了“四元素”理论。

却单单忽略了这一点：有些品行最好的人，也就是说，与神明的意愿最为投契的人，他们做事虔诚，总是恭恭敬敬地供奉神明，按理说神应当最恩宠他们才是，为何他们死去之后，却不再转生，甚至于完全消失了？如果真是这样，你要相信神明这样做自有道理。只要是合乎正义的事情，都是合理的；只要合乎自然的，自然也必定会如此安排。如果不是这样，事实并不如此，你就会得到确定的答案：那不应该这样。而你自己难道没有觉察出来，你这样想是在质疑神明的公正？我们不应当这样与神争论，除非他们确实和善与公正，否则不会容忍我们如此放肆。而如果神明真是既和善又公正，那他们又怎么会忽视宇宙中存在的不公正与不合理呢？

12・6

即使是没有希望完成的事情，也要尽力去做。就拿左手来说吧，因为缺乏练习，它在别的事情上不够灵敏，但是握起缰绳来却比右手更有力些，那是因为它在这件事情上常常练习的缘故。

12・7

想想临死的时候，你的灵魂和躯体会是什么样子，想想生命是多么短暂，而过去和未来那时间的深渊又是何等的无穷无尽，再想想一切事物是多么脆弱。

12・8

剥去事物的外壳，去探究潜藏其中的前因后果。想一想你的所有行为，其目的是什么？所谓的痛苦、快乐、死亡、名声究竟是些什么？一个人内心得不到安宁，应该怪谁呢？一个人如何才能不被其他人妨碍？这一切都取决于如何去看待它。

12·9

实际运用原则的时候，你必须像一个拳击手而不是角斗士。因为一旦后者的剑离了手，就得重新拣起来，而前者靠的是拳头，不需要去拣什么。

12·10

要看清事物的真相，把它分为本质、因果和关联来加以分析。

12·11

除了神明指派给他的事情，除了欣然领受神明赐予他的一切，一个人什么也不必做，但他仍是一个无比强大的人。

12·12

只要发生的事情合乎自然，就不应该指责神明，因为无论有意还是无意，他们都没有任何过错；也不应当指责别人，因为他们即使犯了错，那也是迫不得已。所以不要怨天尤人。

12·13

如果有人对生活中发生的事情感到奇怪，那这人真是太荒谬、太可笑了！

12·14

冥冥之中要么存在一种不可违逆的命运、不可逾越的秩序，要么是有一种体恤万物的神意，要么就是一片混乱，一切出于偶然。那么，如果存在的是一种不可改变的必然性，又何苦要抵抗呢？如果存在的是一位仁慈的神明，那么就要让自己配得上领受神明的眷顾。但如果存在的只是一片混乱，那么你也应该感到庆幸，因为即使如同身处苍茫大海，你的内心仍有一份理性在指引着你，巨浪能卷走你可怜的肉体，让你停止呼吸，失去别的一切，但理性它是带不走的。

12・15

一盏灯，不到熄灭就不会失去光芒。你还没有死，但真理、正义和克制这些美德的光芒在你心里就要熄灭了吗？

12・16

如果你觉得有人在做一件错事，先问问自己："我怎么能确定他做的就不对呢？"即使他的确做错了，我又怎么知道他不感到自责呢？因为自己做错了事就好比自己把脸抓烂了。如果希望恶人不行恶，就好像不准无花果树的果实带点涩味，不准婴儿啼哭，不准马嘶叫，不准别的理所应当的事情发生。那人既然是这样的品格，又何必奇怪他这样做呢？如果你介意，那就试着去纠正他。

12・17

如果什么事情是不正当的，就不要做；如果什么事情是不真实的，就不要谈。你要学会控制自己的冲动。

12・18

对事物要从整体上来把握，要认真琢磨，你为什么会对这事物得到这样的印象？然后从因果、本质、联系以及它持续的时间等几个方面来加以分析。

12・19

最终你会明白，在你心里，除了引发你的激情，操纵你就像操纵木偶一样的东西之外，还有某种更有力量、更为神圣的东西。此刻你心里产生的是什么呢？恐惧？猜疑？肉欲？还是诸如此类的东西？

12・20

首先，做事不要漫无目的，要有明确的目标；其次，让你的行为只有一个最终目标：服从公共的利益。

12・21

不久之后你就将化为乌有，不复存在，你现在看到的一切，现在活着的人也将不复存在。按照自然的本性，一切事物都要改变、转化和消亡，以便新的事物能取而代之。

12・22

一切事物实际上都是来自判断，取决于你。那么，一旦你摈弃了那些错误的判断，就好像绕过了岬角，眼前是一片风平浪静的海湾。

12・23

做事的时候，无论什么事情，如果在恰当的时间停止，并不会因为事情的中止而带来损害，做事的人也不会因此遭受任何损害。同样，我们的生命也是由大大小小的事情组成的，如果生命中止了，不会带来任何损害，那在恰当的时候结束生命的人，也不至陷入困境。但生命的长短和中止的时间取决于自然，有时我们自己也可以决定，就像到了老年有人会自己结束生命，但总归而言，还是由宇宙的本性决定的，通过宇宙中各个部分的交替转化，它能让整个宇宙始终保持年轻，充满活力。凡对宇宙有用，便都是好的、合乎时宜的。因此对于每个人来说，生命的终结都不是恶，没有什么可羞耻的，因为这不是人所能控制的，同时也不违背宇宙的共同利益。因此，这反而是一件好事，对于宇宙是合乎时宜的，有益于那曾经给他带来利益的宇宙。所以，那与神明在同一条路上前进，朝着同样的目标的人，真的能算是神明的子嗣了。

12・24

你必须记住以下三点：第一，无论做什么事情，都要有明确的目标，不可违背正义。还要记住，无论外界什么事情降临到你头上，那都是出于偶然或者是神明的安排，不要抱怨偶然发生的事情，更不可指责神明。第二，记住我们每个人是如何从受孕到出世，从获得生命到交还灵魂，从被元素组成的整体到重新分解成各种元素的。第三，如果你突然被带到空中，你应当俯视人类众生，想想你将以什么样的眼光来看他们，同时你还会发现在天空中、在以太中居然有如此多的生灵存在。但如果你经常有机会来到高空，便会发现所见都是同样的事物，虽然外表常有变化，但本质是相同的，而它们所能存在的时间也同样短暂——意识到了这点，难道你还会觉得这值得骄傲吗？

12・25

抛开你的意见，你便得救了。但为什么你不肯这样做呢？

12・26

如果你对什么事不满，你便忘了这些：所有事物的出现都是顺应宇宙本性的；别人的错误由他承担，与你无关；一切发生的事情，过去如此，将来也会如此，现在同样如此。你也忘了：个体的人和整个人类之间有着多么紧密的联系，不是由于血缘子嗣关系的维系，而是因为人类共享的是同一种理性。你还忘了：每个人的理智都是一位神明，都是神性的流溢；没有什么真正属于我们自己，我们的孩子、身体乃至灵魂都是来自神明；一切事物都来自判断；每个人都只能生活在现在，他失去的也只是现在。

12・27

你要经常想一想那些总是怨天尤人的人，那些或声名显赫、或灾难深重、或仇恨滔天的人，总之在某一方面极为与众不同的人，然后问问自己："这些人如今安在？"他们已化为烟尘、化为泥土，变成了人们口中的传说，甚至传说中也不再有他们的名字。也想一想下面这些人吧：曾住在乡间的法比阿斯·卡图利努斯，在花园里的卢修斯·卢柏斯，在拜依阿的斯德丁尼乌斯，在卡帕里的第比留斯[①]和维利亚的鲁弗斯，想想这些人的所作所为，想想他们纵情追逐享乐时那种骄横的劲头！人们拼命追求的这些是多么没有价值啊，哪里比得上一个生活简朴的人所具有的智慧、正直、节制、对神的虔敬这些美德！因为最不值一提的事情而目空一切，这最可悲也最可笑。

12・28

若有人问："你在哪儿见过神？你如何确信他们存在，以至于如此崇拜他们？"我首先会告诉他们，神明甚至可以用我们凡人的眼睛看见；其次，我没见过我自己的灵魂，但还不是那么尊重它。对神明也是这样。我生命中的每时每刻都能感受到他们的力量所在，因此我确信他们存在，而且虔诚地崇拜他们。

---

① 罗马第二任皇帝，晚年生活极尽豪奢。

12·29

人生获得幸福的前提是：洞察一切事物的本质，从质料和因由两个方面来考察；全心全意地做公正的事，说真实的话。我们要不断地行善，在每件善事之间甚至不留下最小的空隙。除此之外，还能怎样来享受生活呢？

12·30

阳光是同一的，虽然会被墙壁、山峰和无数的障碍所阻断；实体是同一的，虽然被划分给了无数个体；理性灵魂也是同一的，虽然被分配给了无数生灵，受到他们的各种本性的限制。以上提到的这些事物，它们别的部分，例如气息和实在的物体，没有感觉，相互间也没有情谊，但仍被宇宙同一的规则和相互的引力集合在一起。而人的内心具有一种特性，即趋向于同类，联成一个整体，相互间存在一种不会被阻断的亲密情感。

12·31

你追求的是什么？只是要一直活下去吗？要有感觉、有冲动？能够生长，然后停止？能用口舌来表达，用心来思考？其中有什么是值得追求的呢？如果你认为这些都不值一提，那么就走最后一步吧，去追随理性，追随神明。如果你看重这些，是与追随理性和神明相悖的，而且会惴惴不安，唯恐死亡来将它们夺走。

12·32

我们每个人享受的时间，只是那无穷无尽、深不可测的时间中少之又少的一部分，转瞬就会被永恒吞没。我们所拥有的实体和灵魂，又是整个实体多么微小的一部分，是宇宙灵魂中何等渺小的一部分！你在上面匍匐生存的地方，不过是整个大地上的一个小土块！想到这一切，你便会明白什么都不重要，只有一件事情值得你去做：按照本性去行动，欣然领受宇宙自然为你安排的一切。

12·33

你是如何支配自身的呢？因为一切都取决于此。而其他的呢，不管是否在你的能力之内，都不过是死灰和烟尘。

12·34

最能使我们蔑视死亡的，莫过于这样的想法了：甚至那些追逐享乐、以快乐为善，畏惧痛苦、以痛苦为恶的人，也说他们蔑视死亡。

12·35

一个人若能将死亡看做一件合乎时宜的事情，在他看来，只要是合乎理性的事情，多做一点、少做一点都是一样的，在他看来，在这世上多活一阵、少活一阵也没有什么差别——对这样的人来说，死亡又何足畏惧呢？

12·36

既然不是暴君，也不是不公正的法官把你赶出这城邦的，那便算不得什么苦事。须知把你带走的也正是将你带来这世上的自然。这就像长官当初雇了演员来演戏，现在正要让他离开舞台。“可我的五幕戏还没演完哩，才演了三幕。”没错，但如果是人生的戏，三幕也就能算做一部整戏了。这戏算不算完整，要由当初安排这场戏的人和现在要你下台的人来决定，与你没有关系。那就愉快地退场吧，就像让你离开的人那样愉快。[1]

① 参见3·8。

图书在版编目（CIP）数据

沉思录 /（古罗马）奥勒留著；李娟，杨志译. —南京：译林出版社，2014.10

（汉译经典）

ISBN 978-7-5447-5010-3

Ⅰ.①沉… Ⅱ.①奥… ②李… ③杨… Ⅲ.①斯多葛派－哲学理论 Ⅳ.①B502.43

中国版本图书馆CIP数据核字（2014）第208547号

书　　名　沉思录
作　　者　〔古罗马〕马可·奥勒留
译　　者　李　娟　杨　志
责任编辑　陆元昶
特约编辑　刘全德
出版发行　凤凰出版传媒股份有限公司
　　　　　　译林出版社
出版社地址　南京市湖南路1号A楼，邮编：210009
电子信箱　yilin@yilin.com
出版社网址　http://www.yilin.com
印　　刷　泰安市恒彩印务有限公司
开　　本　960×640毫米　1/16
印　　张　10.5
字　　数　128千字
版　　次　2014年10月第1版　2023年10月第5次印刷
书　　号　ISBN 978-7-5447-5010-3
定　　价　32.00元

译林版图书若有印装错误可向承印厂调换